夜も食べたい。食堂あさごはんのレシピ

中井 エリカ

MdN
エムディエヌコーポレーション

はじめに

朝の静けさの中、もくもくと朝ごはんを作るのが、
毎日のわたしの楽しみです。

もともと料理を作るのが好きなほうですが、
子どもが生まれてからは晩ごはんをゆっくり作る時間が取れず、
自然と朝ごはん作りに時間をかけるようになりました。

慌ただしい毎日ですが、朝はいつもとても静かで、
朝食を作っているときだけは自分のためだけの時間に感じるからです。

そんなわたしの好きな朝の雰囲気を動画でも伝えられたらと思い、
YouTubeに投稿してみたところ、
予想外にたくさんの方に観てもらうことができました。

紹介した料理を作っていただいたり、
わたしの使っている調理道具を「まねして買ってみた」と
コメントをいただいたり、YouTubeを始めてから
料理仲間が増えた気分でとてもうれしいです。

本書では、YouTubeの朝ごはん動画で人気のあった献立をあらたに作り、
レシピをまとめました（季節の関係で、おみそ汁の具などが
変わっているものもありますが）。
作り方も動画を観ている感覚で読み進められるよう、
プロセス写真をたくさん掲載しました。

栄養バランスも考えた献立になっていますので、
ヘルシーなお昼ごはんや夕ごはんにもおすすめです。

後半は、わが家でたいてい常備している自家製調味料の作り方や、
Instagramに投稿した作りおきのおかずなどもたくさん紹介しています。

どれも野菜たっぷり、身近な食材とどこでも買える調味料で作れます。
みなさんのごはん作りの参考になればうれしいです。

100:00
103:00

Contents

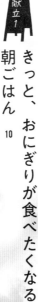

2章
あると便利
自家製調味料の作り方 79

3章
野菜がおいしすぎる
作りおき&簡単おかず 95

PART.1
時間がたってもおいしい!
作りおきおかず 96

PART.2

すぐ食べたい！ 簡単おかず 132

レシピについて

・小さじ１は５ml、大さじ１は15ml、１カップは200mlです。
・しょうがやにんにくの「1かけ」は、指の先くらいの大きさを目安にしています。
・作る分量は、それぞれのレシピに記載しています。
・本書では、みそ汁などのだしに「かつお粉」（粉状にしたかつお節）を使用していますが、なければご家庭でいつも使用されているだしを使用してください。
・ 電子レンジの加熱時は、600Wの電子レンジを使用したときの加熱時間を示しています。500Wの場合は1.2倍を、700Wの場合は0.8倍を目安に加減してください。電子レンジ、オーブンなどの加熱時間は目安です。機種により熱のあたり方が異なりますので、様子を見ながら調節してください。
・野菜を洗う、野菜の皮やヘタ、種を取り除く、きのこの石づきや軸を除くなど、基本的な下処理の工程を省いている場合があります。
・ 冷蔵保存期間は目安です。保存状態や環境などによって異なるため、目安として活用してください。

1章

夜も食べたい
食堂あさごはんの献立

朝ごはんをひたすら作る動画を今までYouTubeにたくさん投稿してきました。
ここでは、そのなかで人気のあった10の献立を紹介します。
おみそ汁の具材は季節などの都合上、
動画の内容と変更しているものもありますが、ご容赦ください。

献立1

きっと、おにぎりが食べたくなる朝ごはん

今日はおにぎりにしよう。
朝食の献立は、朝起きたときの思いつきで決まります。
おにぎりにはやっぱりウインナーソーセージと卵焼き。
ほうれんそうがあったからごま和えも作ろう。
なすのみぞれ煮も食べたいな。
食べたいものが次々出てきて、つい作りすぎてしまいます。
今日もボリューム満点の朝ごはん。

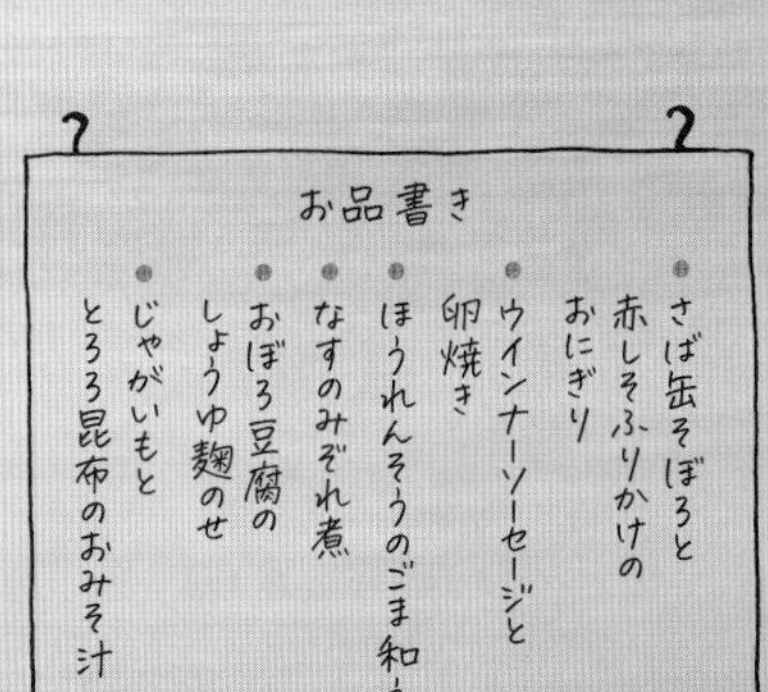
お品書き
さば缶そぼろと赤しそふりかけのおにぎり
ウインナーソーセージと卵焼き
ほうれんそうのごま和え
なすのみぞれ煮
おぼろ豆腐のしょうゆ麹のせ
じゃがいもととろろ昆布のおみそ汁

1

ごはんは土鍋で。

ごはんは毎日、土鍋で炊いています。土鍋だと時間がたってもおいしい気がします。わたしが使っているのは電子レンジにも対応可能なタイプでとっても便利。

もち麦ごはん

1 米（2合）はざるに入れさっと洗い、水をよくきる。

2 1、もち麦（1合）、水（600ml）を土鍋に入れ、中火にかける。

＊できれば、火にかける前に30分浸水。

3 沸騰したら弱火にして5分炊く。

4 ふたをしたまま10分以上蒸らす。

＊鍋によって加熱時間は調整してください。

さば缶そぼろと赤しそふりかけのおにぎり

材料（2人分）

もち麦ごはん…2合分くらい

さば缶そぼろ

さばの水煮缶詰…1缶

おろししょうが…50g

しょうゆ…小さじ2

みりん…大さじ1

白炒りごま…適量

赤しそふりかけ…適量

作り方

1 さば缶そぼろを作る。さばの水煮缶詰は汁ごとフライパンに入れ、さばをほぐしながら炒める。

2 水分が飛んだらしょうゆ、みりん、おろししょうがを加え、炒める。

3 汁気がなくなったら白炒りごまを入れてひと混ぜし、保存容器に入れる（冷蔵で4日間保存可能）。

4 もち麦ごはんは半量ずつに分け、一方には*3*を、もう一方には赤しそふりかけを入れ混ぜ合わせる。

5 ごはん茶碗1杯分ずつを手にとり、三角形ににぎる。

さば缶を汁ごと炒め
1

調味料を入れる
2

白ごまを入れる
3

ごはんに混ぜる
4

にぎる
5

さば缶そぼろは、たんぱく質、ビタミンD、DHA、EPAなどの栄養素が豊富。子どもにもおすすめです。

ほうれんそうのごま和え

材料（作りやすい分量）

ほうれんそう…1束
にんじん…⅓本
白炒りごま…大さじ1〜2
しょうゆ…小さじ2
砂糖…小さじ2

作り方

1 ほうれんそうは根元を水につけてよく洗い、5cm長さに切る（根元も切り落とさず食べます）。
2 にんじんはせん切りにする。
3 鍋に湯を沸かし、*1*と*2*を入れて1分ゆでる。
4 ざるにあげて冷水で冷ましたら水気を絞る。
5 白炒りごまはすり鉢ですり、しょうゆと砂糖を加え混ぜる。
6 *5*に*4*を入れ和える。

よく洗って切る
1

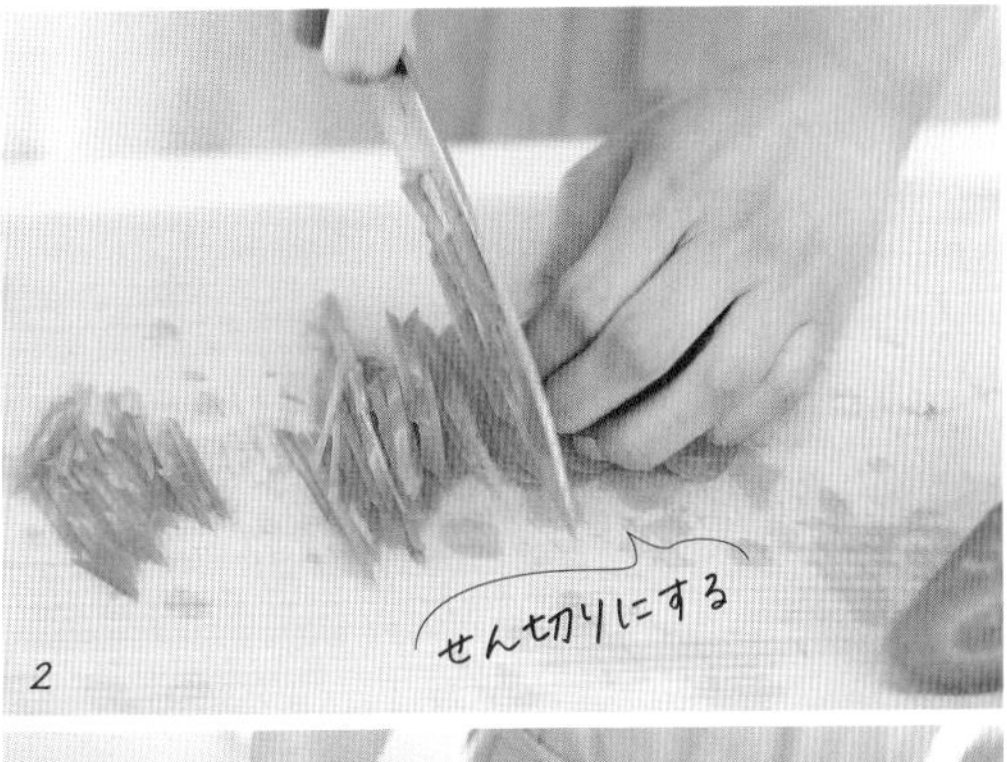
せん切りにする
2

ゆでる
3

冷水にとり絞る
4

ごまをすり
調味料を入れる
5

和えてできあがり
6

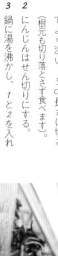

なすのみぞれ煮

材料 （作りやすい分量）

なす…4本
大根…7cm
めんつゆ（4倍濃縮）…大さじ3
水…100ml
サラダ油…大さじ1

作り方

1 なすはヘタを取って縦半分に切り、皮に細かく斜めの切れ目を入れたら、横半分に切る。

2 フライパンにサラダ油を熱し、なすは皮を下にして並べる。ふたをして3分焼いたら上下を返し、さらに3分焼く。

3 2にめんつゆと水を入れ3～4分煮る。

4 大根はすりおろし、汁気を絞る。
＊大根の絞り汁には消化酵素が豊富。漬けると肉がやわらかくなる効果があるので、捨てずに利用しましょう。

5 なすがしんなりしたら火を消し、4を入れてひと混ぜして味をなじませる。

切れ目を入れる
1

両面3分ずつ焼く
2

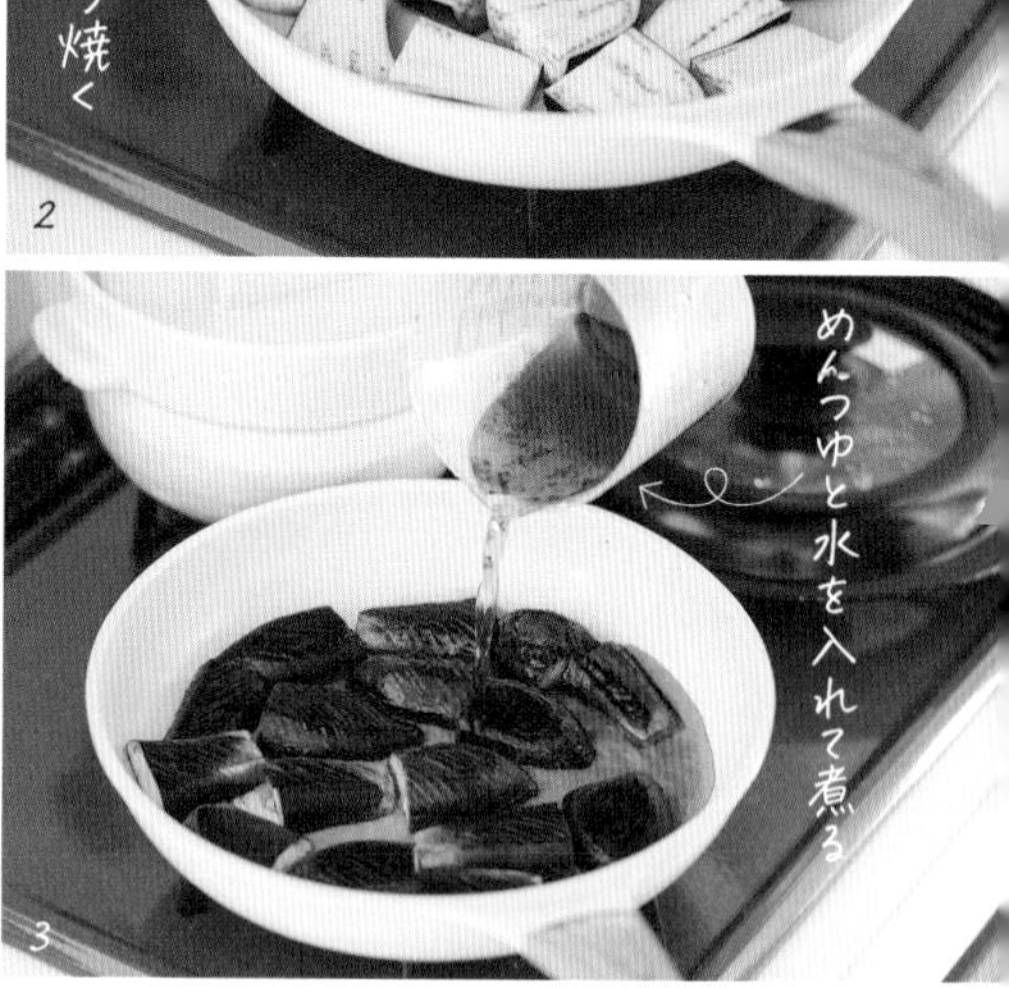
めんつゆと水を入れて煮る
3

大根をおろす
4

大根おろしを
入れる
5-1

味をなじませる
5-2

ほうれんそうのごま和え、
なすのみぞれ煮、おぼろ豆
腐を少しずつお皿に盛れば、
彩りも豊かな副菜の完成！

おぼろ豆腐のしょうゆ麹のせ

おぼろ豆腐は適量をお皿に盛り、自家製のしょうゆ麹（→82ページ）を添えていただきます。

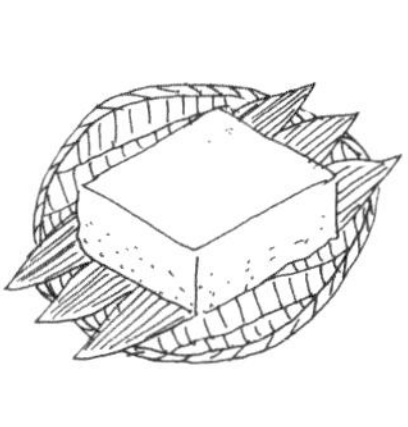

ウインナーソーセージは焼きたてがおいしいから、焼くのは食べる直前に。

ウインナーソーセージと卵焼き

材料 （2人分）

ウインナーソーセージ…5本
卵…3個
白だし…小さじ2
水…大さじ2
サラダ油…適量

作り方

ウインナーソーセージ

フライパンに薄くサラダ油を熱し、ウインナーソーセージを焼く。

卵焼き

1 ボウルに卵、白だし、水を入れ、泡立て器でよく混ぜる。
2 卵焼き器を中火で熱し、サラダ油をひき、キッチンペーパーでなじませる。
3 *1*を少量落とし、ジュッとなるくらい温まったら、¼量注ぎ入れる。
4 半熟くらいになったら奥から少しずつ巻く。
5 巻いた卵は奥へ移動。卵焼き器のあいたスペースにサラダ油をひき、*1*を¼量注ぎ入れる。
6 *4*、*5*を繰り返し、最後の卵液を巻き終わったら完成。
7 焼きあがった卵焼きは、巻きすに包んで形を整える。

卵液を混ぜる
1

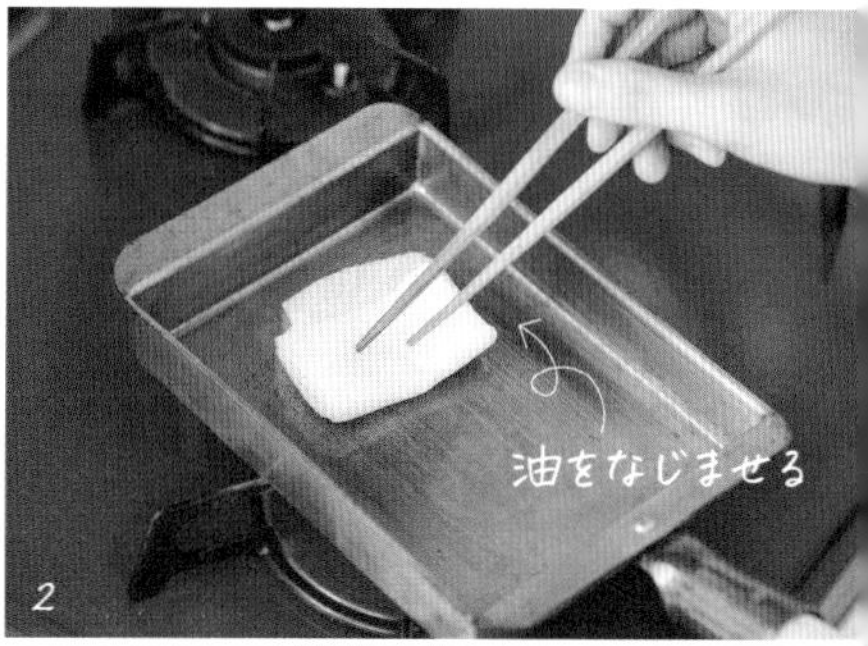
油をなじませる
2

1/4量入れる
3

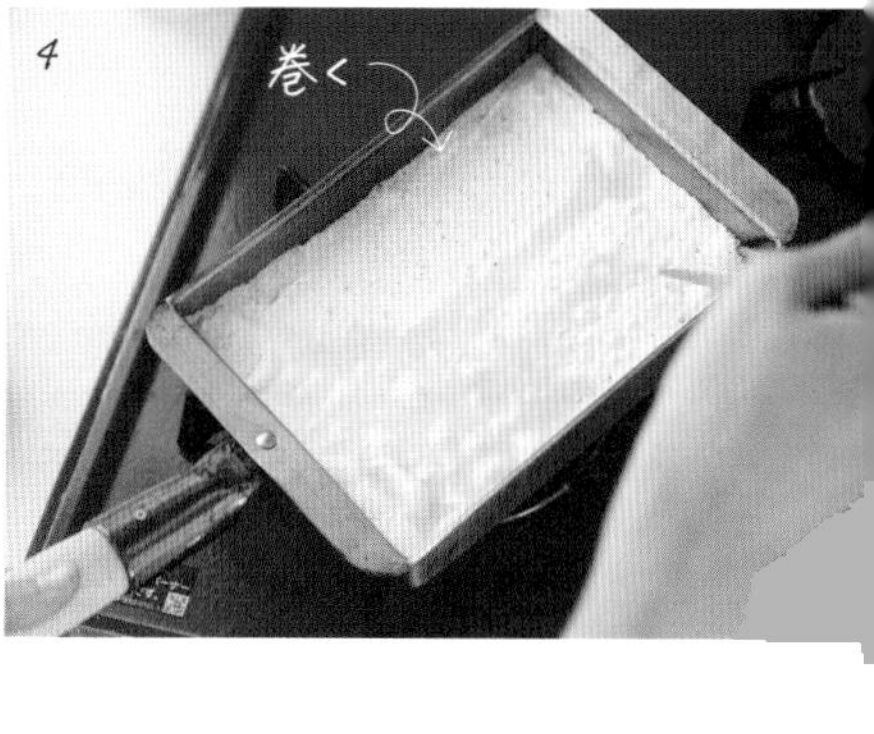
4
巻く

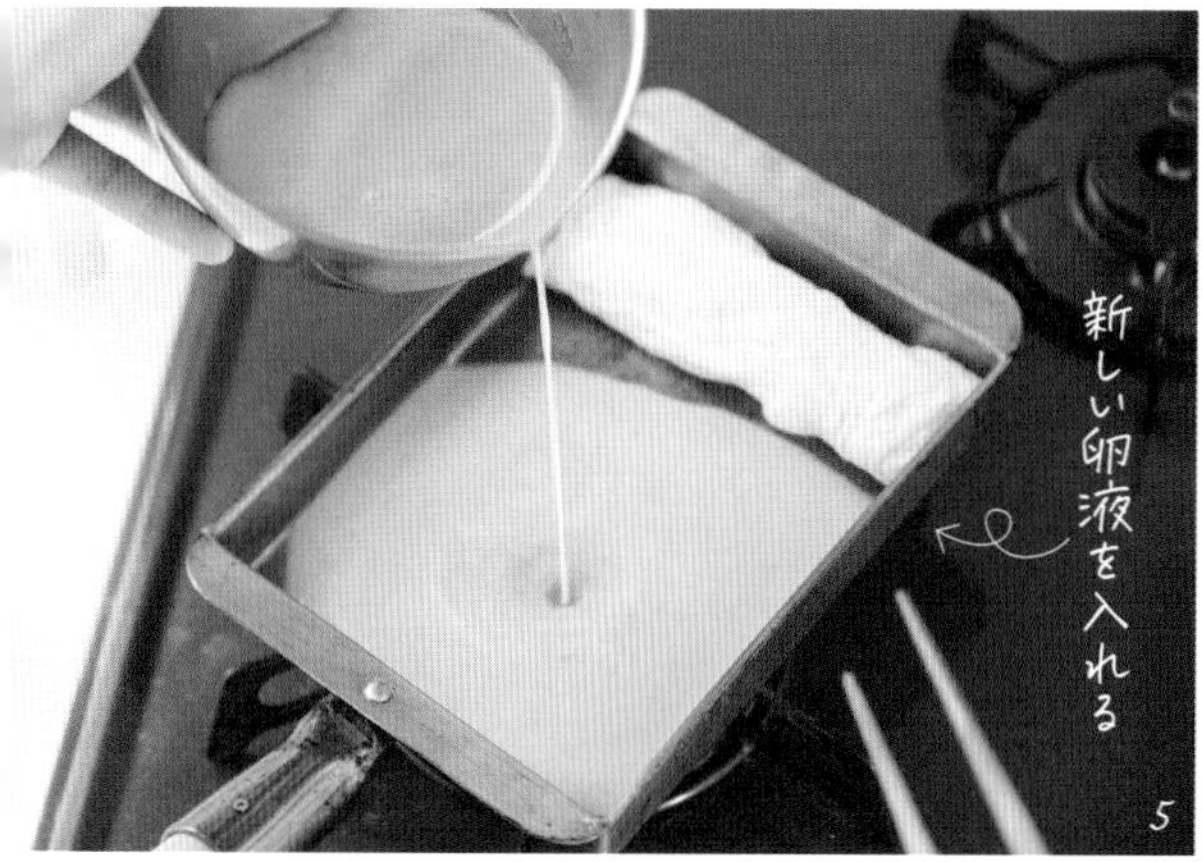
新しい卵液を入れる
5

何度も巻く
6

巻きすに包み
落ち着かせる
7

じゃがいもととろろ昆布のおみそ汁

材料（2人分）

じゃがいも…2個
水…360ml
かつお粉…小さじ2
*顆粒和風だしなどでも可
みそ…大さじ1
とろろ昆布…適量

作り方

1 じゃがいもはよく洗い、皮つきのまま（新じゃがいもの場合。新じゃがいも以外は皮をむく）一口大に切る。鍋にじゃがいもと水を入れ、中火にかける。

2 やわらかくなったら火を止め、かつお粉を入れ、赤みそを溶く。

3 とろろ昆布を入れ、ひと混ぜする。

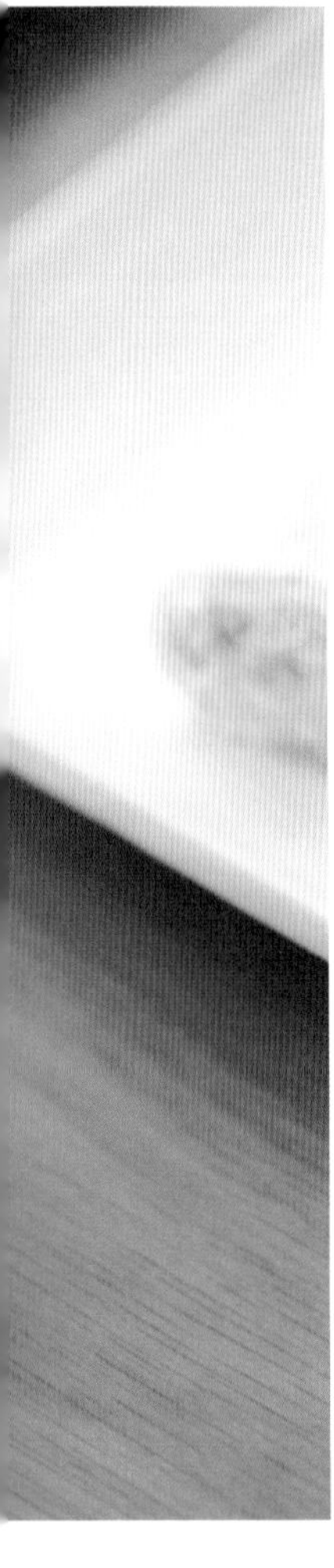

みそ汁のだしとして、かつお節や煮干し、昆布などの乾物を細かく砕いて粉状にした「粉だし」を使っています。今回「かつお粉」を使いましたが、「かつお粉＆煮干し粉」のブレンドを使ってもおいしいです。

とろろ昆布を
入れる
3

みそを溶く
2-2

できあがり!

献立2

目玉焼きと ウインナーソーセージの 定番朝ごはん

家族みんなが大好きな目玉焼き。
作る頻度もついつい多くなります。
アミノ酸バランスが優れ栄養豊富な卵は、
手軽に調理できるので朝食にはぴったり。
目玉焼きだけじゃ物足りないから、
ウインナーソーセージも一緒に焼いちゃおう。
おみそ汁と副菜でビタミンと食物繊維を補って、
栄養バランスの取れた朝食ができました！

お品書き

目玉焼きと
ウインナーソーセージ
小松菜とにんじんの
さばみそ和え
さつまいもの甘煮
かぶとにんじんと
油揚げと
酒粕のおみそ汁

半熟にしたいから
ふたをしないで焼く
1

2
ウインナーソーセージも
一緒に焼いちゃおう

目玉焼きと ウインナーソーセージ

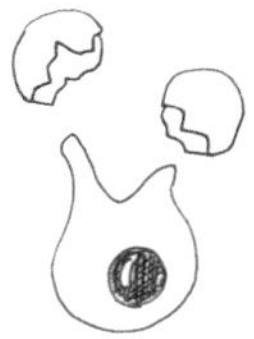

材料 **（2人分）**

卵…2個
ウインナーソーセージ…4本
塩、こしょう…各少々
サラダ油…適量
ミニトマト…6個

作り方

1. フライパンに薄くサラダ油を熱し、卵を割り入れる。
2. フライパンにウインナーソーセージも入れ、一緒に焼く。
3. 焼けたらそれぞれお皿に盛り、目玉焼きには塩、こしょうをふる。
4. ミニトマトを添える。

1

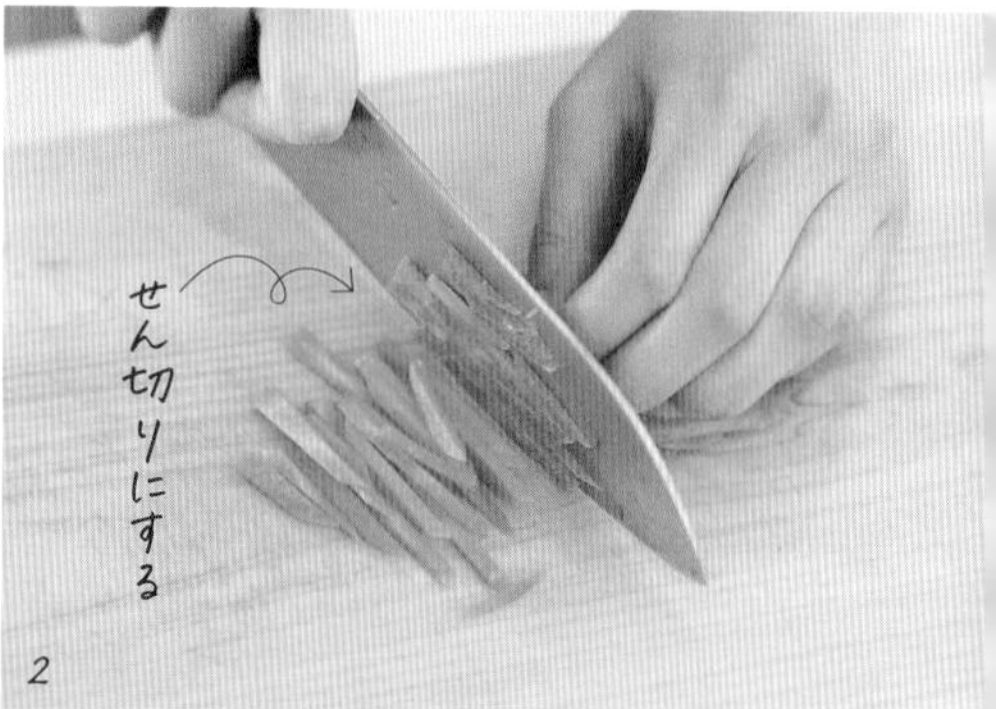

2

3

4

5-1

5-2

小松菜とにんじんのさばみそ和え

材料（3～4人分）

小松菜…1束
にんじん…1/3本
さばのみそ煮缶詰…1/2缶
白すりごま…適量
しょうゆ…小さじ1/2

作り方

1 小松菜は根元を切り落とし4cm長さに切る。
2 にんじんはせん切りにする。
3 ボウルに1と2を入れ、ふた、もしくはラップをかけて電子レンジで3分加熱する。
4 3をざるにあげて水でさっと洗って絞る。
5 ボウルに入れ、さばと缶汁少し、白すりごま、しょうゆを入れ、さばをほぐしながら混ぜる。

さつまいもの甘煮

材料（作りやすい分量）

さつまいも…１本
きび砂糖…大さじ3
レモン汁…大さじ1

作り方

1 さつまいもは2cm幅の輪切りにする。鍋に入れ、ひたひたの水を加え、中火にかける。

2 沸騰したら、きび砂糖、レモン汁を加える。

3 落としぶたをしてやわらかくなるまで煮る。

4 粗熱を取り、味を落ち着かせる。

1
水から煮る

調味料を加える
2

3
落としぶたをして煮る

できあがり！

かぶとにんじんと油揚げと酒粕のおみそ汁

材料（2人分）

かぶ…2個
にんじん…適量
油揚げ…適量
酒粕…50g
水…360ml
かつお粉…小さじ2
＊顆粒和風だしなどでも可
みそ…大さじ1
＊油揚げは短冊切りにして冷凍しておいたものを使用。

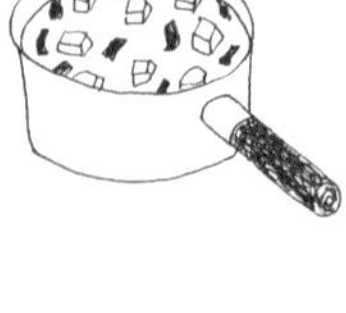

おみそ汁は具だくさんがいい。

おみそ汁の具はいつも多め。盛りつけたときに具が沈むことがないから見た目が映えるし、野菜もたっぷりとれます。かぶは小さめなら皮つきで大丈夫です。大きめのかぶは皮がかたいので、皮は厚めにむいて漬物などに。

作り方

1 かぶは葉と根を切り分け、それぞれ水で洗う。葉の根元の泥は爪楊枝を使いきれいに落とす。

2 かぶの根は6等分のくし形切り、葉は5㎝長さに切る。

3 にんじんは薄切りにする。

4 鍋に2、3と水を入れ、中火にかける。

5 やわらかくなったら、油揚げ、酒粕を入れる。

6 かつお粉を入れ、みそを溶く。

献立3

ブロッコリーの簡単サラダ朝ごはん

今日の朝ごはんは、前日にいろいろと
仕込んでおいたものを使って簡単に。
和えるだけの簡単サラダ、一晩煮汁に漬けて
味がしみた鮭は、冷たいままさっぱりといただきます。
温かいものも食べたいから、
ほくほくのじゃがいもとおみそ汁を添えて、どうぞめしあがれ。

お品書き

ブロッコリーと
ミックスビーンズの
簡単サラダ
鮭の焼き漬け
蒸しじゃがの
しょうゆ麹のせ
白菜と油揚げと
えのきと酒粕の
おみそ汁

ブロッコリーとミックスビーンズの簡単サラダ

材料（作りやすい分量）

ブロッコリー…1個

ミックスビーンズ…1缶

マヨネーズ…大さじ2

粒マスタード、塩、こしょう…各適量

*ブロッコリーは、前日に切って洗い、袋に入れておきました。

作り方

1 ブロッコリーはボウルに入れ、ふんわりとラップをかけて電子レンジで3分加熱する。

2 1にミックスビーンズを加える。

3 2にマヨネーズ、粒マスタード、塩、こしょうを加える。

4 まんべんなく混ぜる。

電子レンジで3分加熱

1

調味料を入れる

3

ミックスビーンズを入れる

2

混ぜる

4

鮭の焼き漬け

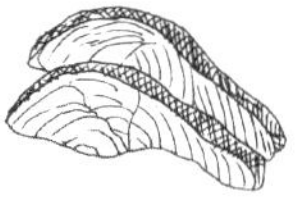

材料（3人分）

生鮭（切り身）…3切れ
さやいんげん…12本
水…100ml
しょうゆ、みりん…各大さじ2

作り方

1 さやいんげんは洗って半分に切る。
2 鮭はフライパンで両面を焼く。
3 別のフライパンに水、しょうゆ、みりんを入れ、火にかける。
4 煮立ったらさやいんげんを入れ、1分煮る。
5 保存容器に2と4を入れ、一晩置く。

＊冷蔵庫で4日間保存可能。時間を置くほど味が染みておいしいです。

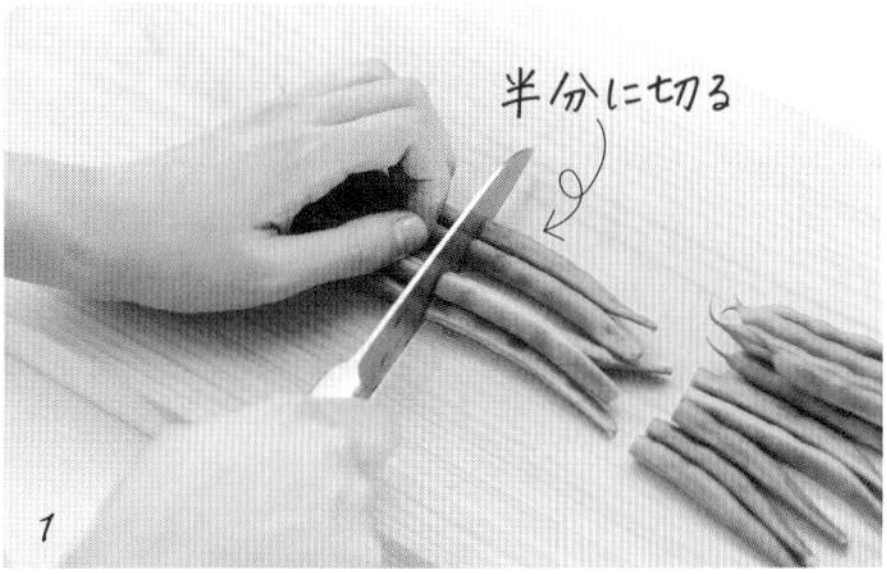

1

2

3

4

5

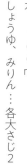

蒸しじゃがのしょうゆ麹のせ

材料（2人分）

じゃがいも…中2個

しょうゆ麹（↓82ページ）…適量

作り方

1 じゃがいもは洗って半分に切る。

2 1を蒸気の上がった蒸し器に入れ、ふたをして10分ほど蒸す。

3 お皿に盛り、しょうゆ麹をのせる。

切る
1

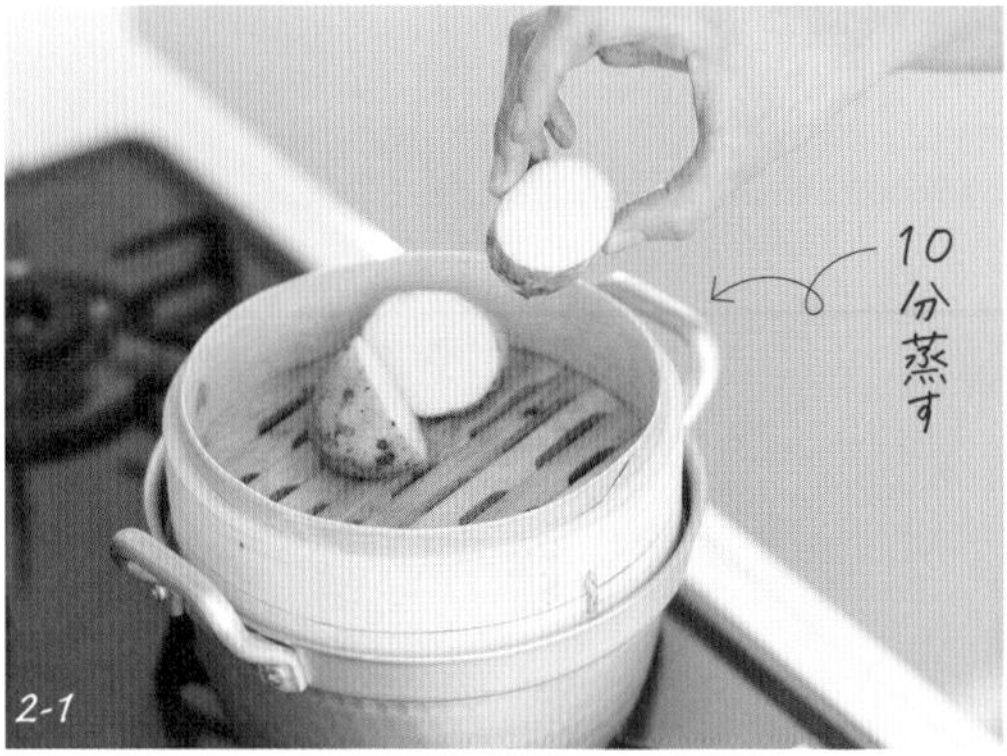
10分蒸す
2-1

ほくほく
2-2

しょうゆ麹でいただきます
3

白菜と油揚げとえのきと酒粕のおみそ汁

材料　（2人分）

白菜…3枚
えのきだけ…1/2袋
油揚げ…適量
酒粕…50g
水…360ml
かつお粉…小さじ2
＊顆粒和風だしなどでも可
みそ…大さじ1
＊油揚げは短冊切りにして冷凍しておいたものを使用。

作り方

1 白菜は横に細切りにする。えのきだけは石づきを落とし、横3等分に切る。
2 鍋に1と水を入れ、中火にかける。
3 沸いたら、油揚げ、酒粕を加える。
4 かつお粉を入れ、みそを溶く。

切る
1

煮る
2

油揚げ、
酒粕を入れる
3

かつお粉を入れ、
みそを溶いたら
できあがり

献立4

豆腐ステーキ
すき焼き風定食

大好きなお豆腐。つい買いすぎてしまい、
冷蔵庫に残っている…なんてことも。
そんなときの朝ごはんは豆腐ステーキで決まり。
こってりすき焼き風の味つけで
食べ応えがありつつ、ヘルシー。
しっかり食べたい朝にもおすすめです。

お品書き

- 豆腐ステーキ すき焼き風
- アカモクときゅうりの和え物
- トマトとクリームチーズのサラダ
- 大根、にんじん、小松菜と酒粕のおみそ汁

豆腐ステーキすき焼き風

材料（2人分）

木綿豆腐…1丁
片栗粉…大さじ2
砂糖、しょうゆ…各大さじ1
サラダ油…適量
細ねぎ…適量

作り方

1 豆腐は半分に切る。
2 1をそれぞれキッチンペーパーに包んで電子レンジで1分半加熱する。
3 2に片栗粉をまぶす。
4 フライパンにサラダ油を熱し、3を並べて両面焼く。
5 砂糖、しょうゆを加えて、煮詰めながら全体にからめる。
6 お皿に盛り、小口切りにした細ねぎを散らす。

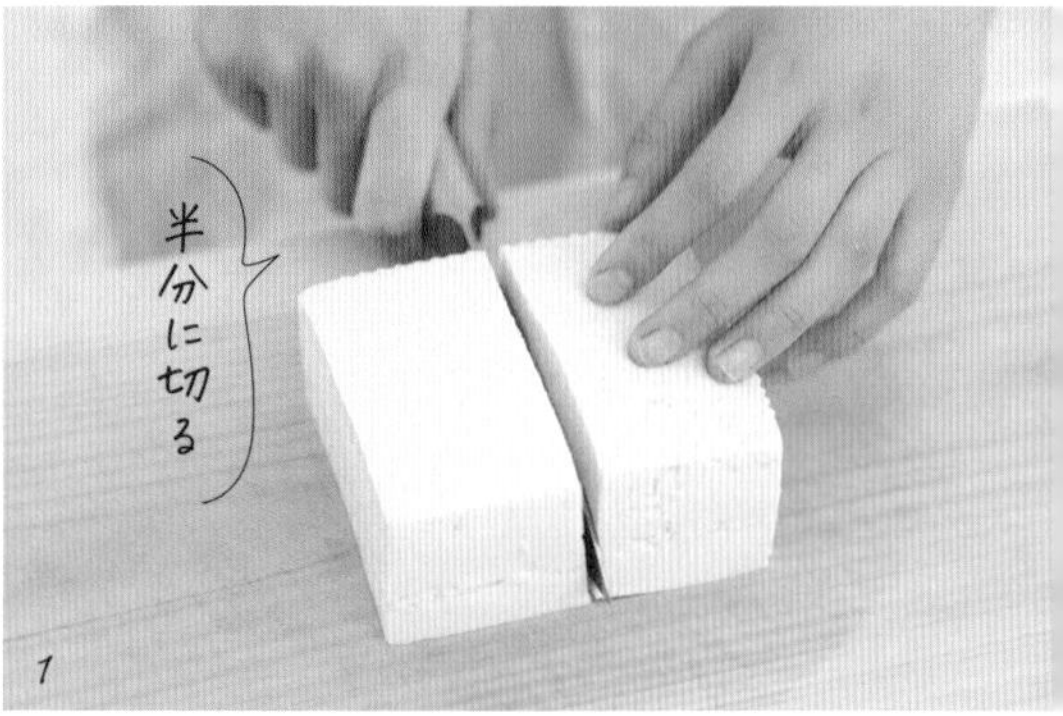
半分に切る
1

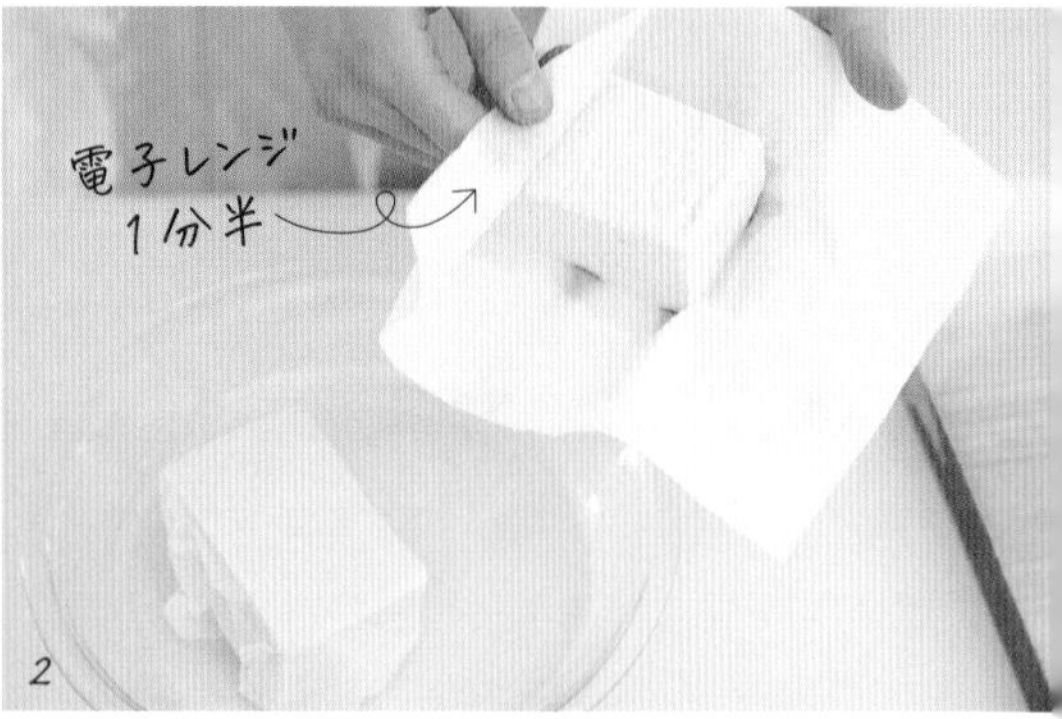
電子レンジ
1分半
2

片栗粉大さじ2をまぶす
3

焼く
4

砂糖大さじ1
5-1

しょうゆ大さじ1
5-2

煮詰める
5-3

6
細ねぎを散らして
できあがり

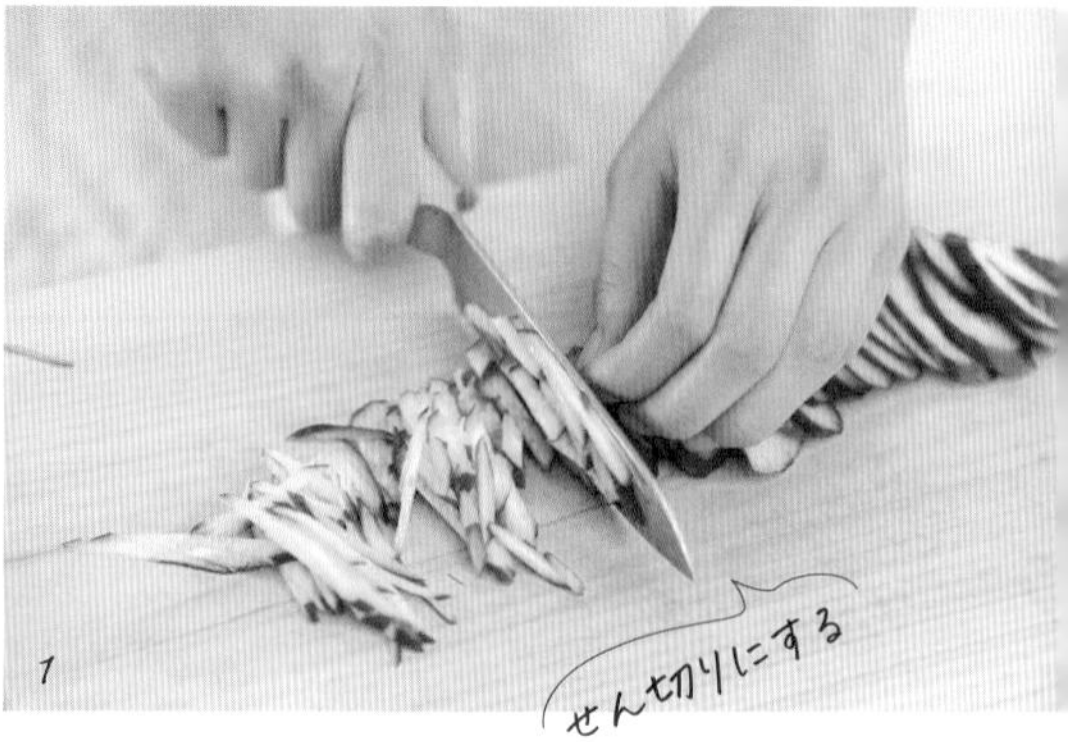

アカモクときゅうりの和え物

材料（2人分）

アカモク…60g
きゅうり…1本
たれ（アカモクに付属）…1個

作り方

1 きゅうりは洗って、せん切りにする。
2 ボウルに1とアカモク、たれを入れてよく混ぜる。

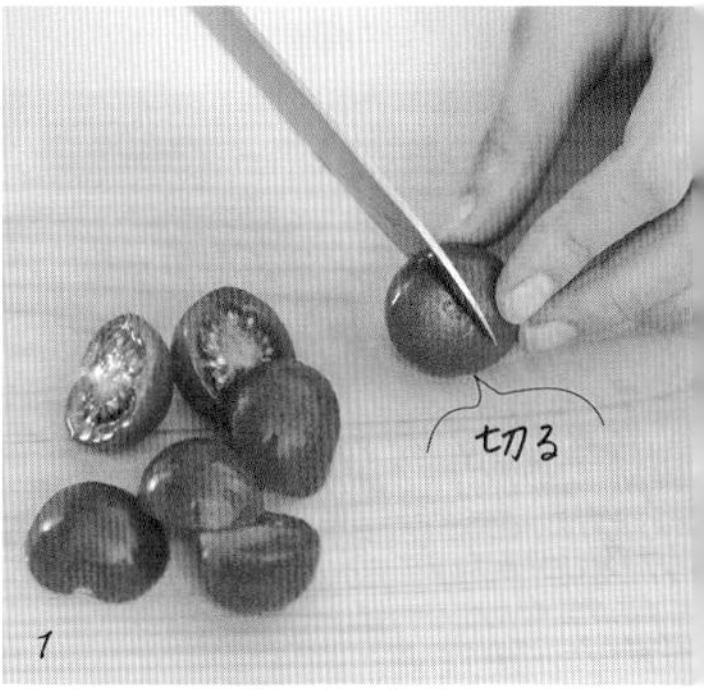

トマトとクリームチーズのサラダ

材料（2人分）

ミニトマト…6個
クリームチーズ…2個（18g×2個）
オリーブオイル、塩、こしょう…各適量

作り方

1 ミニトマトは洗ってヘタを取り、縦半分に切る。
2 クリームチーズは9等分のさいの目切りにする。
3 ボウルに1と2を入れ、オリーブオイル、塩、こしょうを加えて和える。

大根、にんじん、小松菜と酒粕のおみそ汁

材料 （2人分）

大根…5cm程度
にんじん…5cm程度
小松菜…1束
酒粕…50g
水…360ml
油揚げ…適量
かつお粉…小さじ2
＊顆粒和風だしなどでも可
みそ…大さじ1
＊油揚げは短冊切りにして冷凍しておいたものを使用。

作り方

1 大根はよく洗い、皮ごといちょう切りにする。
2 にんじんはよく洗い、皮ごと半月切りにする。
3 鍋に*1*、*2*と水を入れ、中火にかける。
4 小松菜は洗って4cm長さに切る。
5 沸いたら、*4*、油揚げ、酒粕を加える。
6 かつお粉を入れ、みそを溶く。

いちょう切りに
1

半月切りに
2

ゆでる
3

小松菜を洗って切る
4

残りの材料を入れる
5

かつお粉を入れ、みそを溶く
6

献立5

たまには
サンドイッチで
朝ごはん

たまに食べたくなるサンドイッチ。
定番の卵サンド、蒸し鶏とチーズとレタスの
組み合わせもおいしいよね。
さわやかなトマトのマリネと
クリーミーなスープも作ろう。
具材の下準備をして、パンを切って…。
サンドイッチって和食よりも手間がかかって大変。
それでもやっぱり食べたいからがんばって作ります。

お品書き

- 塩麹蒸し鶏とチーズのサンドイッチ、卵のサンドイッチ
- トマトのマリネ
- しめじとベーコンと玉ねぎの豆乳スープ

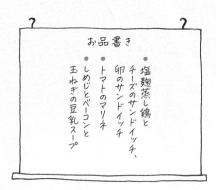

塩麹蒸し鶏とチーズのサンドイッチ、卵のサンドイッチ

材料 **（2人分）**

食パン（8枚切り）…8枚
卵…3個
鶏むね肉…1枚
レタス…適量
スライスチーズ…2枚
塩麹…大さじ2～3
マヨネーズ…大さじ2
塩、こしょう…各適量

作り方

1 塩麹蒸し鶏を作る。鶏むね肉は耐熱皿にのせ、塩麹をまぶす。

2 1の鶏むね肉にふんわりとラップをかけ、すこし隙間をあけて電子レンジで2分半加熱する。

3 2の上下を返してさらに電子レンジで2分半加熱したら、しばらくラップをしたまま置いておく。粗熱が取れたら、薄く切る。

4 鍋に水と卵を入れて中火にかけ、沸騰してから12分ゆでる。ゆで卵ができたら冷水にとって皮をむき、白身と黄身を分ける。

5 白身はみじん切りにする。

6 ボウルに5と黄身を入れ、マヨネーズ、塩、こしょうを加えたらよく混ぜる。

7 食パンの耳を切る。

8 食パン2枚には6をのせる。

9 別の食パン2枚にはマヨネーズ（分量外）を適量ぬる。

10 9にキッチンペーパーで水気を拭いたレタス、チーズ、蒸し鶏をのせる。

11 最後に、それぞれに食パンをのせて半分に切る。

塩麹大さじ2をまぶす
1

隙間をあけてラップをかけ、レンジで2分半！
2

上下を返してさらに2分半！
3-1

3-2

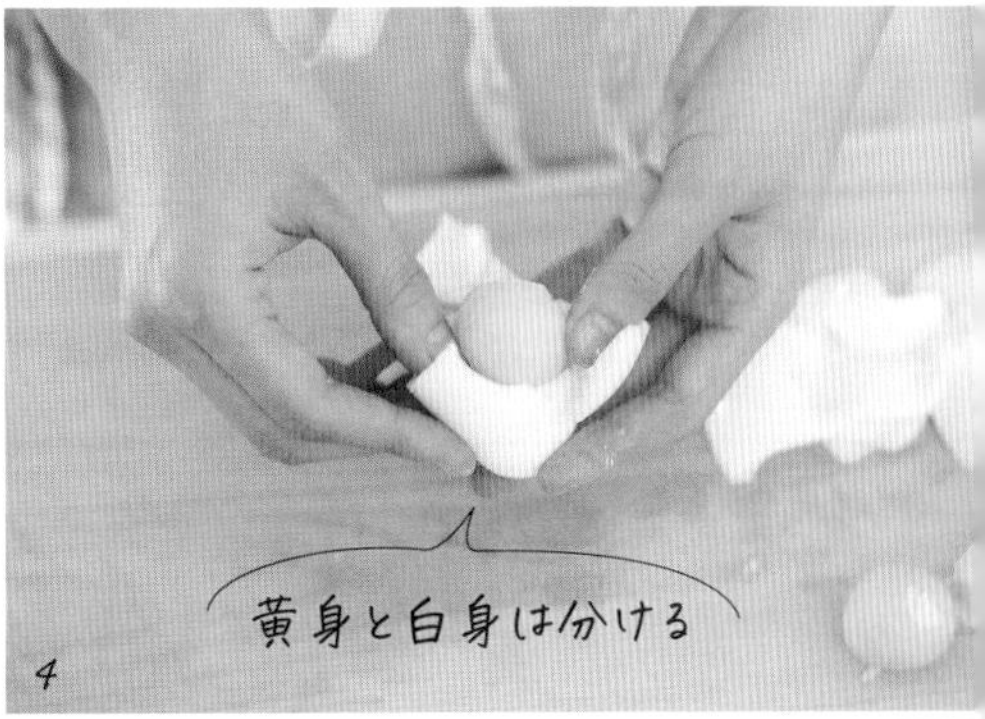
黄身と白身は分ける
4

白身は
みじん切りに
5

マヨネーズ、塩、
こしょうを加えて
6-1

ぐるぐる混ぜる
6-2

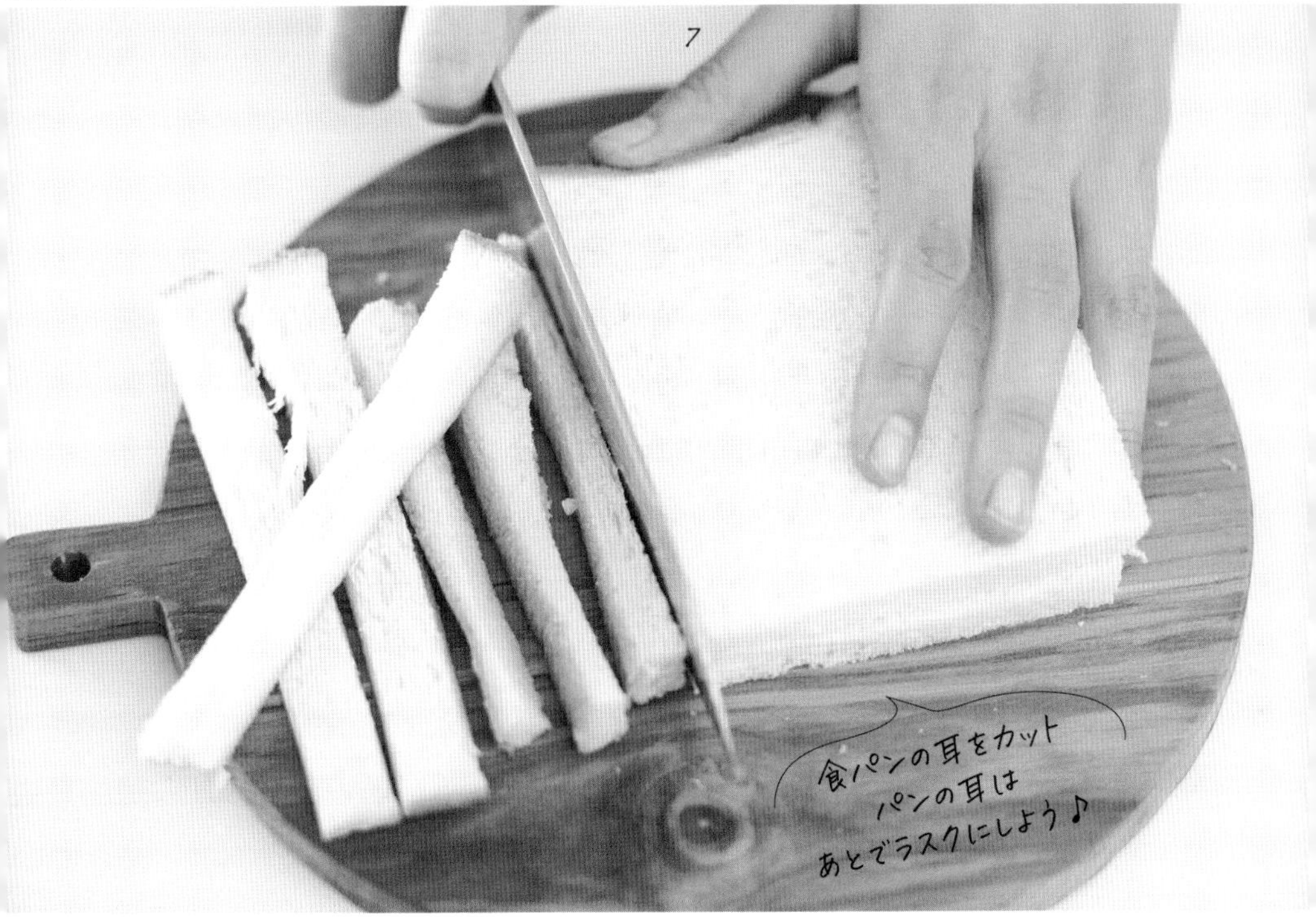
食パンの耳をカット
パンの耳は
あとでラスクにしよう♪
7

卵をのせる
8

蒸し鶏サンドのほうは
マヨネーズをぬる
9

レタス、チーズ、蒸し鶏をオン！
10

パンをのせて半分に切る
11

きれいに並べて
できあがり～

しめじとベーコンと玉ねぎの豆乳スープ

材料（2人分）

しめじ…1/3パック
ベーコン…1枚
玉ねぎ…1/2個
豆乳…160ml
固形コンソメ…1個
水…200ml

作り方

1 玉ねぎは薄切りに、ベーコンは1cm幅に切る。しめじは石づきを落としてほぐす。

2 鍋にベーコン、玉ねぎを入れ、中火で炒める。

3 しんなりしたら水を入れる。

4 3が煮立ったらしめじ、コンソメ、豆乳を入れ一煮立ちさせる。

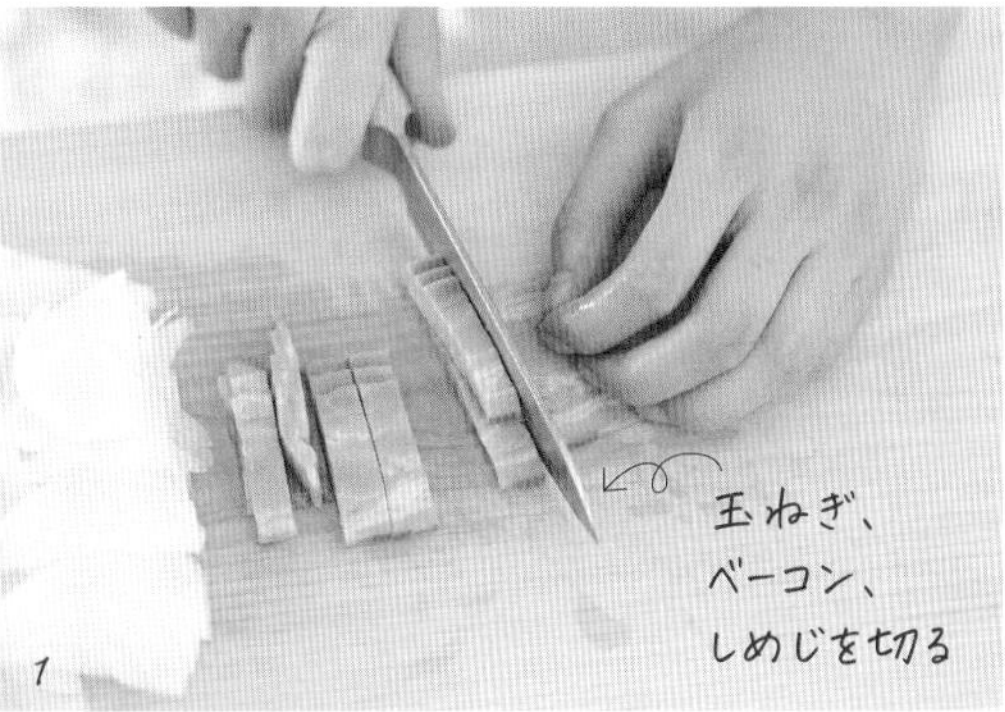
玉ねぎ、
ベーコン、
しめじを切る
1

炒める
2

水を入れる
3

しめじとコンソメを入れる
4-1

豆乳を入れる
4-2

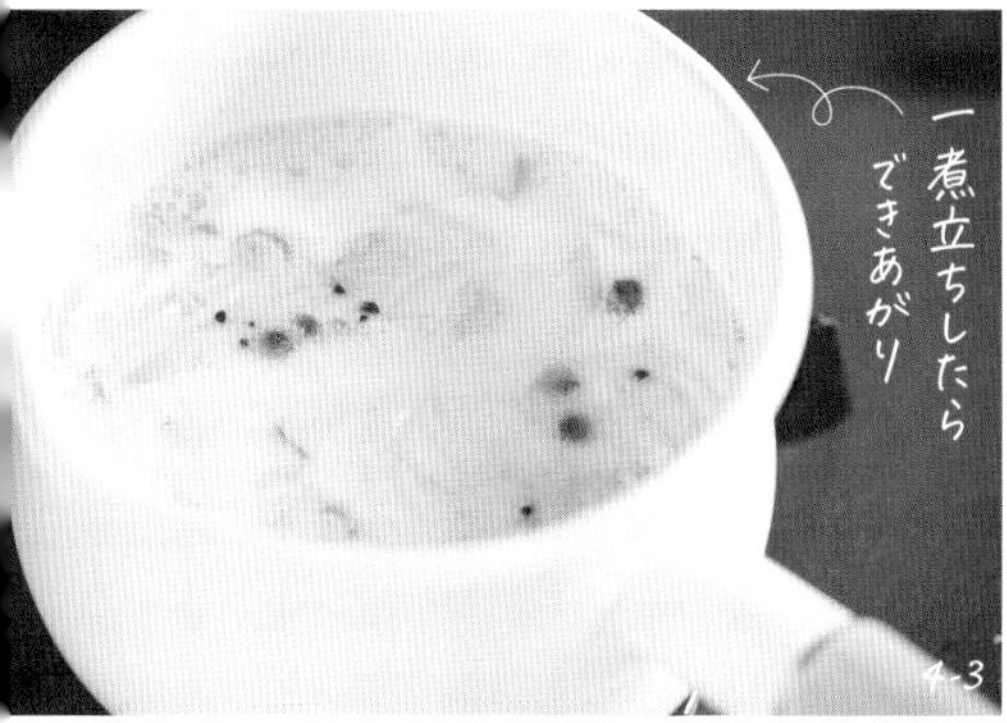
一煮立ちしたら
できあがり
4-3

トマトのマリネ

材料 （2人分）

ミニトマト…9個
レモン汁…大さじ2
オリーブオイル…大さじ1
はちみつ…大さじ1

作り方

1 ミニトマトは洗ってヘタを取り、縦半分に切る。

2 ボウルに*1*を入れ、レモン汁、オリーブオイル、はちみつを加えて和える。

1

2-1

2-2

2-3

色を添える。

ミニトマトで簡単な一品をプラスしてみたり、大葉を飾ってみたり、鮮やかな色をちょっと添えるだけで、献立が一気に華やぎます。こんなひと手間で朝の気分も上がりますよ。

献立6

体温まるしょうがの炊き込みごはん

冷える朝には、
しょうがの炊き込みごはんなんていかがでしょうか。
しょうがの効果できっと体も温まります。
味つけは白だしだけだからとっても簡単。
簡単ついでに、かぼちゃの煮物も
電子レンジで作れるレシピで。
がんばりたくないときにゆるりと作れる献立です。

お品書き

- しょうがの炊き込みごはん
- レンジでかぼちゃの煮物
- トマトともずくのぽん酢和え
- 卵焼き
- 豆腐とわかめとねぎのおみそ汁

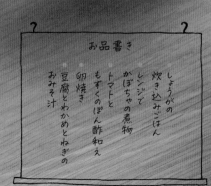

水と白だしを入れる
1

しょうがをせん切り
2

きのこを散らして
3-1

しょうがを入れる
3-2

できあがり〜！

しょうがの炊き込みごはん

材料 (2人分)

米…2合
しょうが…2かけ
しめじ…½パック
まいたけ…1パック
白だし…大さじ3
水…355ml

＊白だしは種類によって分量が異なります。
ご使用の商品が推奨する炊き込みごはんの分量に合わせてください。
＊水の量は、白だしと水が合わせて400mlになるよう調整してください。
＊炊飯器で炊く場合は、白だしと水を合わせて2合の目盛りに合わせてください。

作り方

1 米はさっと洗い、水をよくきったら土鍋に入れ、水、白だしを加える。
2 しょうがはせん切りにする。しめじは石づきを落とす。
3 1にしめじとまいたけをほぐし入れ、しょうがを入れる。ふたをし中火にかけ、沸騰したら弱火にして5分炊く。
4 火を止め10～15分蒸らす。

レンジでかぼちゃの煮物

材料 (2～3人分)

かぼちゃ…¼個
みりん、砂糖、しょうゆ…各大さじ1と½
水…100ml

作り方

1 かぼちゃは種とわたを取り、電子レンジで30秒～1分加熱して皮をやわらかくする。
2 1を食べやすい大きさに切る。
3 耐熱容器に、みりん、砂糖、しょうゆ、水を入れ、かぼちゃを皮を下にして並べる。
4 ふたをし、電子レンジで8分加熱する。

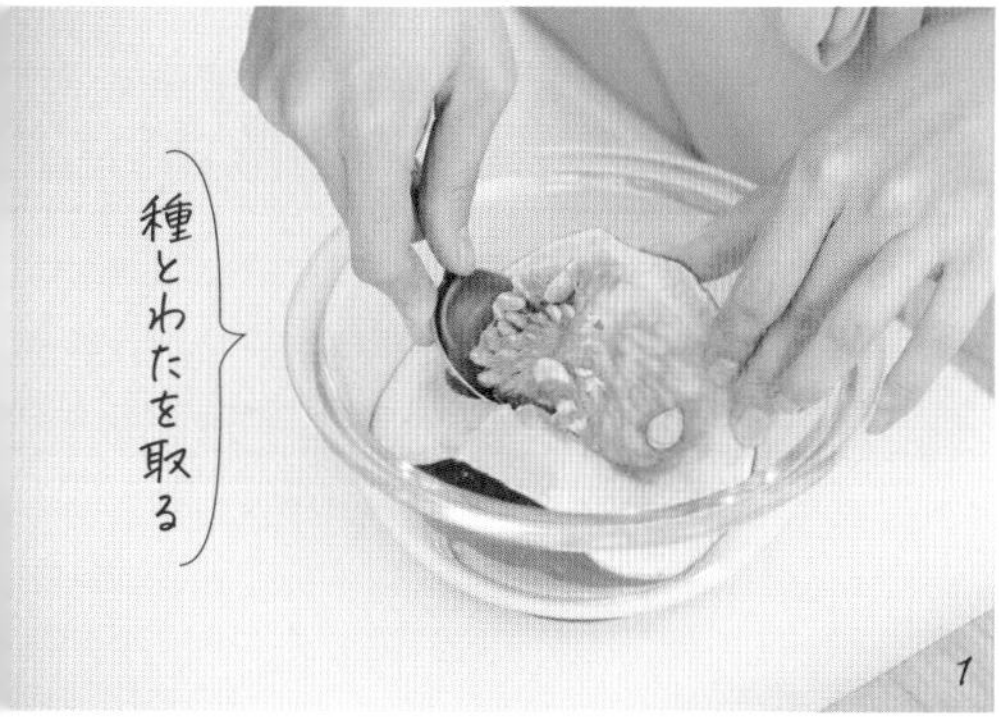
種とわたを取る
1

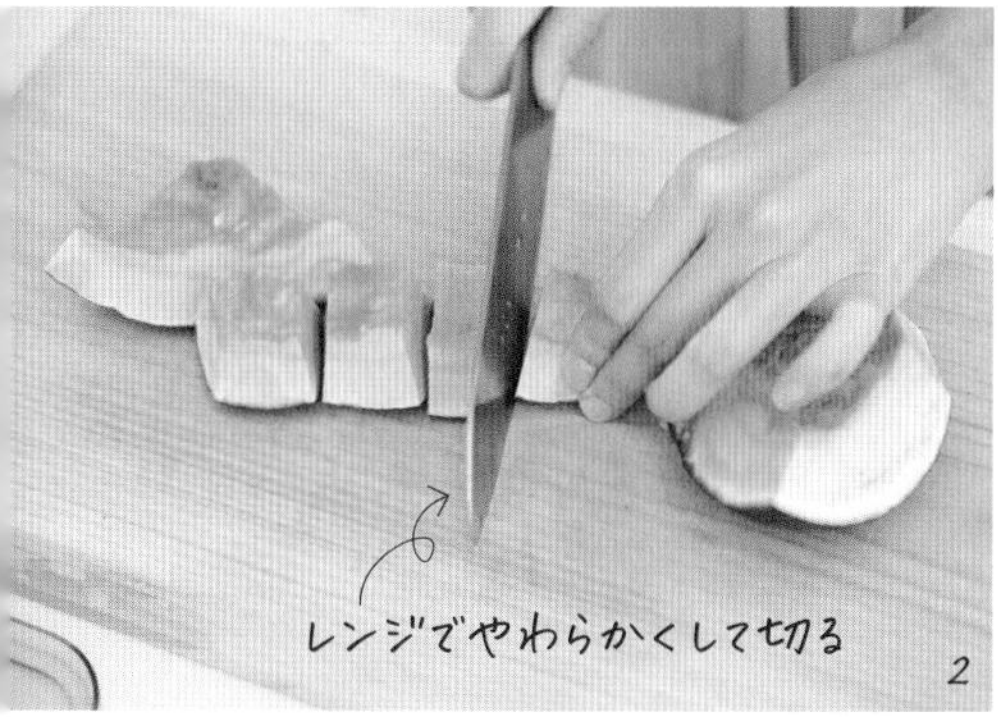
レンジでやわらかくして切る
2

つゆに浸して
3

レンジで8分!
4

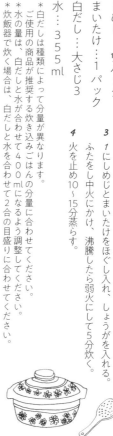

みじん切り
1

トマトともずくも切る
2

ボウルに入れて
3-1

全部混ぜる！
3-2

トマトともずくのぽん酢和え

材料（2人分）

ミニトマト…6個
生もずく…80g
長ねぎ…6cm
おろししょうが…適量
ぽん酢…小さじ2

作り方

1 長ねぎはみじん切りにする。
2 ミニトマトは洗ってヘタを取り、縦半分に切る。もずくも食べやすい大きさに切る。
3 ボウルに1と2、しょうが、ぽん酢を入れ和える。

卵焼き

材料（2人分）

卵…3個
白だし…小さじ2
水…大さじ2
サラダ油…適量

作り方

18ページ参照

豆腐とわかめとねぎのおみそ汁

材料（2人分）

豆腐…½丁
乾燥わかめ…大さじ1くらい
長ねぎ…7～8cm
水…360ml
かつお粉…小さじ2
＊顆粒和風だしなどでも可
みそ…大さじ1

作り方

1 乾燥わかめは水（分量外）に浸し戻しておく。
2 豆腐はさいの目切りにし、長ねぎは小口切りにする。
3 鍋に2と水を入れ、中火にかける。
4 煮立ったら火を止め、かつお粉を入れてみそを溶く。
5 戻したわかめを器に入れておき、4をそそぐ。

1
わかめを水に浸す

2
切る

3
豆腐と
長ねぎを
煮る

4
かつお粉を入れてみそを溶く

5
わかめの上に
みそ汁をそそぐ

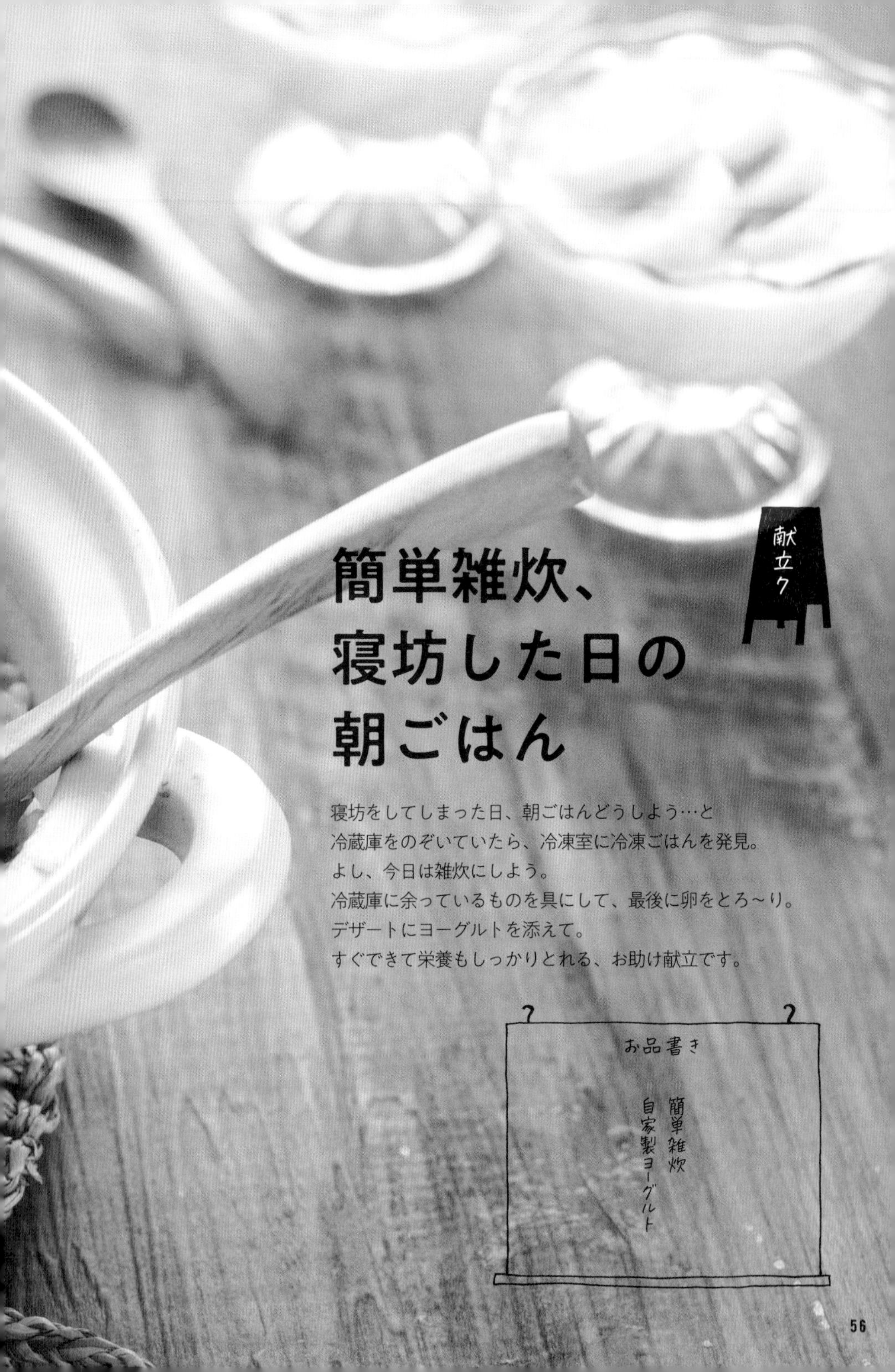

献立7

簡単雑炊、寝坊した日の朝ごはん

寝坊をしてしまった日、朝ごはんどうしよう…と
冷蔵庫をのぞいていたら、冷凍室に冷凍ごはんを発見。
よし、今日は雑炊にしよう。
冷蔵庫に余っているものを具にして、最後に卵をとろ～り。
デザートにヨーグルトを添えて。
すぐできて栄養もしっかりとれる、お助け献立です。

お品書き

簡単雑炊
自家製ヨーグルト

簡単雑炊

材料 （2人分）

冷やごはん…お茶碗2杯分
大根…5cmくらい
小松菜…1/2束
まいたけ…1/3パック
長ねぎ…1/3本
卵…2個
水…500ml
しょうゆ、みりん…各大さじ1と1/2
顆粒和風だし…小さじ1

作り方

1 冷やごはんはざるに入れ水で洗う。
＊冷凍ごはんの場合は電子レンジで解凍してから洗います。
2 土鍋に水、しょうゆ、みりん、和風だしを入れ、火にかける。
3 小松菜は横1cm幅に切り、大根は四角い薄切り、長ねぎは小口切りにする。
4 2に1と小松菜、大根を加え、まいたけをほぐし入れる。
5 具材がやわらかくなったら火を止め、長ねぎを入れる。
6 卵は割りほぐし、5に回し入れる。
7 ふたをして少し蒸らす。

ごはんを洗う
1

調味料を入れ煮汁を作る
2

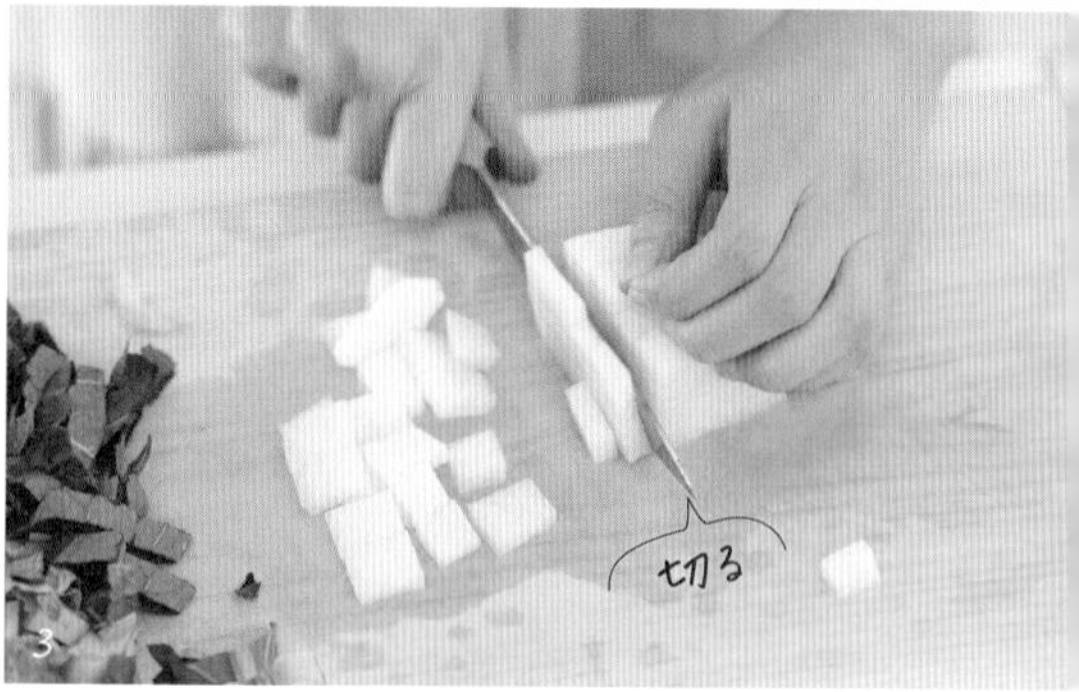
切る
3

煮る
4

長ねぎを入れる
5

卵を回し入れる
6

自家製ヨーグルト

材料 (作りやすい分量)

カスピ海ヨーグルトの種菌…1パック
牛乳…500ml
*種菌の商品によって割合は異なるので、商品に準じてください。

作り方

1 ヨーグルトの種菌と牛乳を混ぜ合わせ、常温で1日置く。
2 完成したヨーグルトを器に盛り、バナナを盛りつける。

献立8

ほっこり。厚揚げの煮物で朝ごはん

手軽な厚揚げは朝ごはんでよく使う食材のひとつ。
煮てよし、焼いてよし、調理も簡単なので、時間のない朝におすすめ。
今日は、いつもの納豆もキャベツと和えてサラダっぽく。
素材の味をシンプルに楽しめる朝ごはんです。

お品書き

- 厚揚げの煮物
- キャベツと納豆のぽん酢和え
- かぶの塩麹サラダ
- 大和芋と大根とわかめの赤だしおみそ汁

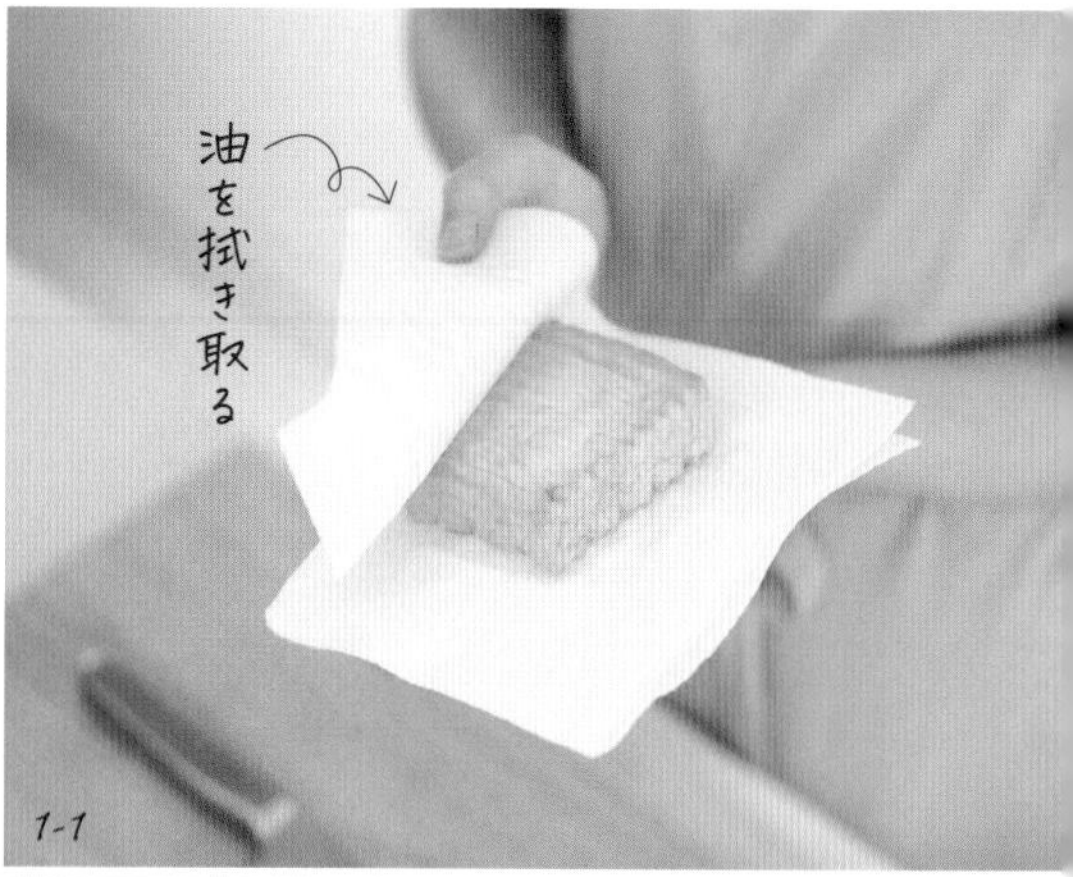

厚揚げの煮物

材料 (2人分)

厚揚げ…2枚
長ねぎ(青い部分)…適量
だし汁…1カップ
しょうゆ、みりん…各大さじ1と1/2
砂糖…小さじ1

作り方

1 厚揚げはキッチンペーパーで油を拭き取り、それぞれ四等分に切る。
2 鍋にだし汁、しょうゆ、みりん、砂糖を入れ、火にかける。
3 煮汁が沸いたら厚揚げを入れる。
4 落としぶたをし、8~10分煮る。
5 火を止め、厚揚げをそのまま少し置く。その間に長ねぎを斜め薄切りにする。
6 厚揚げをお皿に盛り、長ねぎを添える。

*厚揚げはあつあつよりも、少し冷ましたほうが味が染み、おいしくいただけます。

落としぶたをして10分煮る
4

長ねぎを切る
5

6
盛りつけて
できあがり

塩もみしたキャベツに納豆を投入

1

ぽん酢を入れて混ぜる

2

キャベツと納豆のぽん酢和え

材料 (2人分)

キャベツ…2枚
納豆…2パック
ぽん酢…大さじ1

作り方

1 キャベツはせん切りにし、塩もみ(分量外)をしたら水分を絞り、納豆と混ぜる。

2 ぽん酢を入れさらに混ぜる。

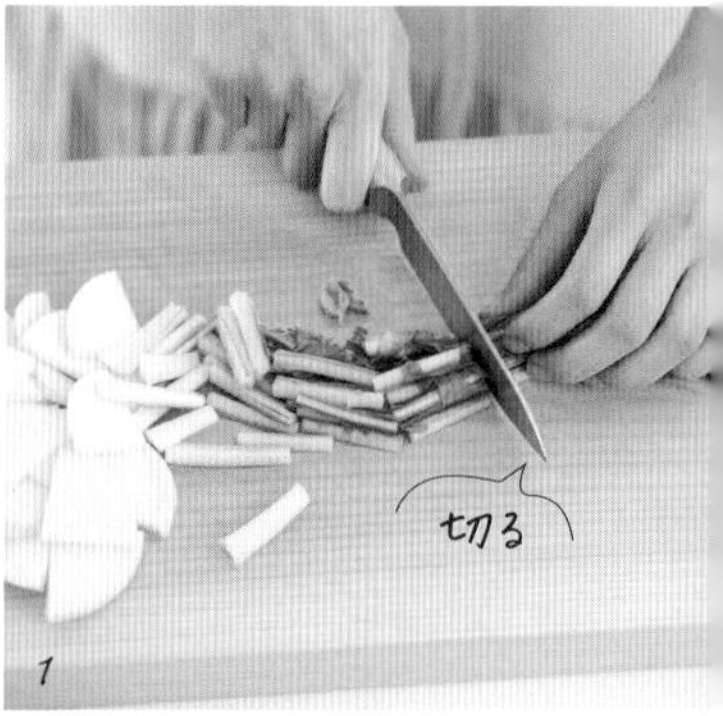
切る

1

塩麹で混ぜる

2

できあがり

かぶの塩麹サラダ

材料 (2人分)

かぶ…1個
塩麹…大さじ1

作り方

1 かぶの根は薄切り、葉は5cm長さに切る。

2 ボウルに1と塩麹を入れ混ぜる。

大和芋と大根とわかめの赤だしおみそ汁

材料　（2人分）

大和芋…10cmくらい
大根…4～5cm
乾燥わかめ…小さじ2くらい
水…360ml
かつお粉…小さじ2
＊顆粒和風だしなどでも可
赤だしみそ…大さじ1

作り方

1 乾燥わかめは水（分量外）に浸して戻す。
2 大根は細切りにする。
3 大和芋は火であぶってひげを焼き取る。
4 *3*を半月切りにする。
5 鍋に水、大根、大和芋を入れ、中火にかける。
6 かつお粉を入れ、赤だしみそを溶く。器に*1*を入れておき、みそ汁をそそぐ。

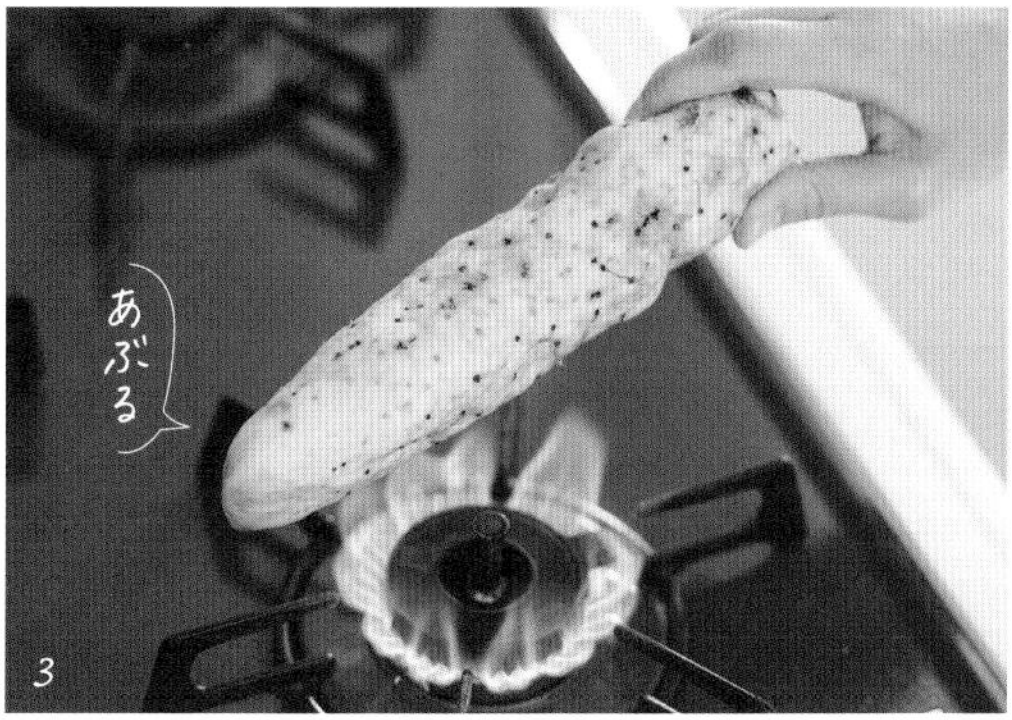

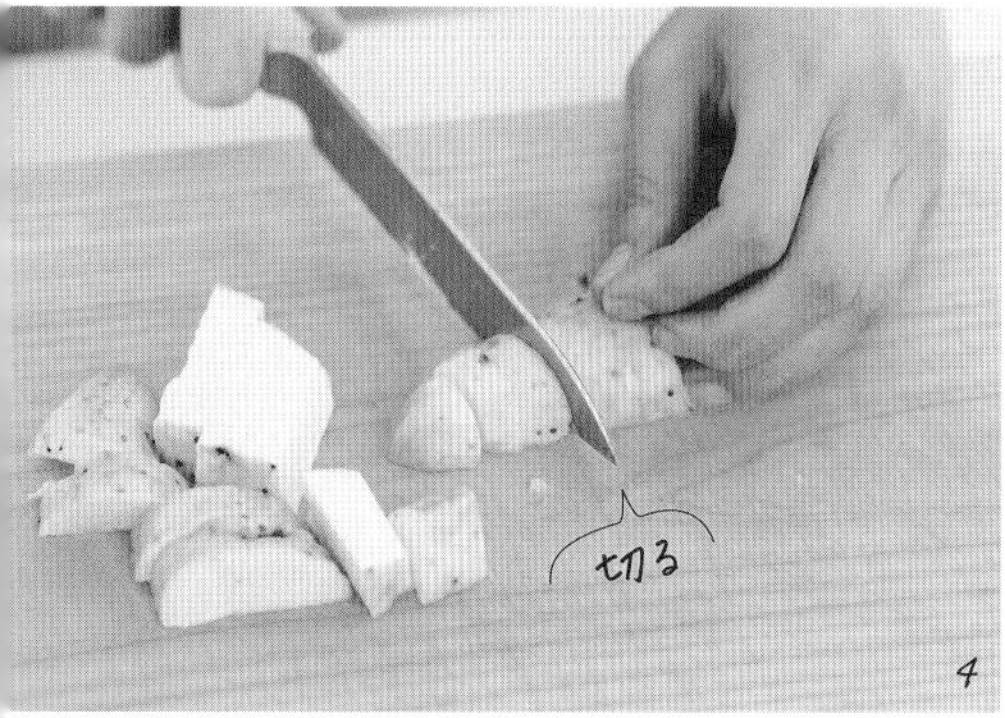

献立9

手作り豆腐の朝ごはん

いろいろなお豆腐を食べ比べるのも好きだけど、
自分で作ったお豆腐の味はまた格別。
実は簡単に作れちゃう手作り豆腐。
できたてのあつあつをぜひみなさんにも
味わってほしいです。
手作り豆腐を中心に、心にしみる
和食献立を考えてみました。

お品書き

- 手作り豆腐
- たらとしょうがの酒蒸し
- ひじきのたらこ炒め
- トマトとハムとまいたけのおみそ汁

手作り豆腐

材料 （2人分）

豆乳…３００ml

にがり…大さじ1

細ねぎ…適量

作り方

1 軽量カップに豆乳とにがりを入れ、混ぜる。

2 器に*1*を入れ、ふたをして電子レンジで2分半加熱する。

3 5分蒸らしたら完成。小口切りにした細ねぎを散らす。

豆乳と
にがりを
混ぜる

1

ふたをして
レンジで2分半！

2

5分蒸らして
できあがり

3

たらとしょうがの酒蒸し

材料 （2人分）

たら（切り身）…2切れ
しょうが…2かけ
酒…大さじ2
水…大さじ2
柚子ぽん酢…適量

作り方

1 しょうがはせん切りにする。

2 フライパンに酒、水を入れ、中火にかける。

3 たら、しょうがを入れ、ふたをして、たらに火が通るまで（5分くらい）蒸す。

4 お皿に盛り、柚子ぽん酢をかける。

1
しょうがをせん切り

3-1
たらとしょうがを入れ蒸す

2
酒と水を入れ

3-2
蒸し上がり～

4
柚子ぽん酢でどうぞ

ひじきの たらこ炒め

材料（3〜4人分）

乾燥長ひじき…10g
にんじん…1/2本
たらこ…30g
バター…7g
しょうゆ…小さじ1

作り方

1 乾燥長ひじきは水（分量外）に浸し戻す。
2 にんじんはせん切りにする。
3 たらこは1cm幅に切る。
4 フライパンを熱してバターを溶かし、*1*と*2*を炒める。
5 しんなりしてきたら*3*を加える。
6 たらこの色が変わるまで炒め、仕上げにしょうゆを加え炒める。

乾燥ひじきを戻す
1

せん切りにする
2

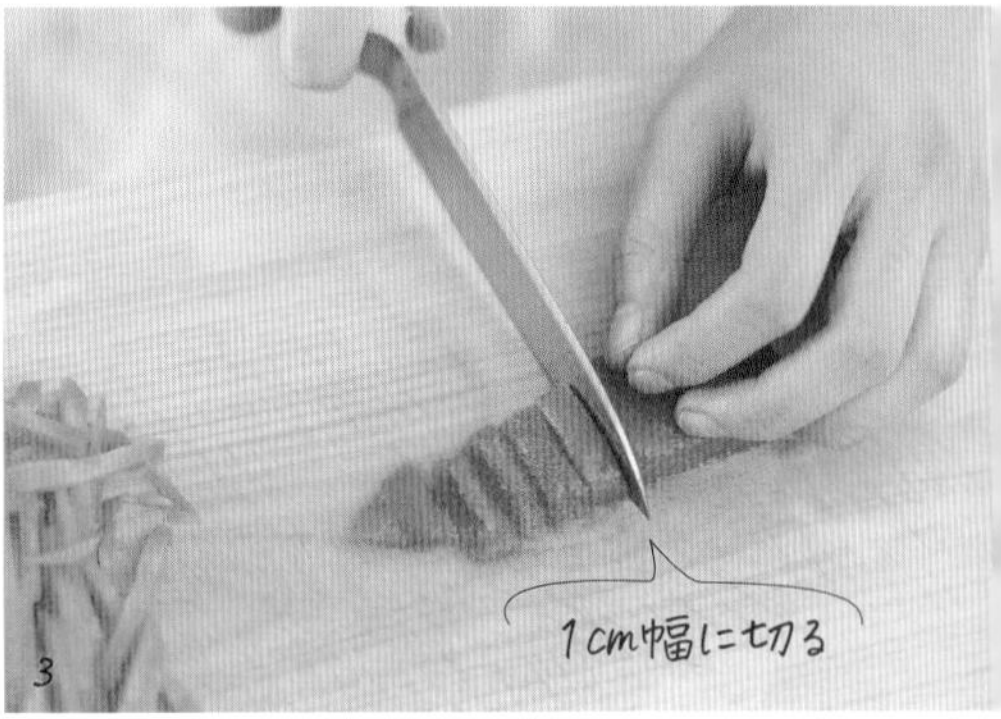
1cm幅に切る
3

炒める
4

たらこを
皮ごと投入
5

色が変わったら
しょうゆを加える
6

トマトとハムとまいたけのおみそ汁

材料（2人分）

トマト…1個
ハム…2枚
まいたけ…½パック
水…360ml
かつお粉…小さじ2
＊顆粒和風だしなどでも可
みそ…大さじ1

作り方

1 トマトは洗ってヘタを取り、8等分のくし形切りにする。
2 ハムは半分に切ったら重ねて1cm幅に切る。
3 鍋に水を入れ中火にかけ、沸いたらまいたけをほぐし入れる。続いてハム、トマトの順で入れる。
4 かつお粉を入れ、みそを溶く。

8等分に切る
1

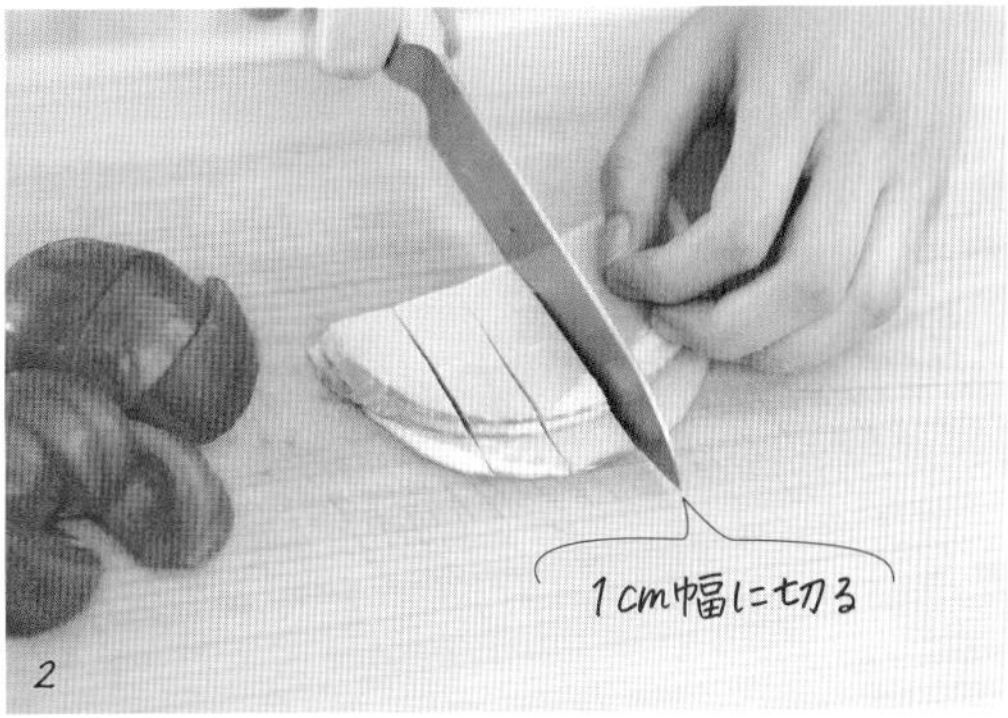
1cm幅に切る
2

まいたけを入れ
3-1

ハムを入れ
3-2

最後にトマト
3-3

かつお粉を入れて
みそを溶いて完成
4

献立10

買い出し前、乾物で乗り切る朝ごはん

冷蔵庫の中がうっかり空っぽになってしまったとき、
我が家の食卓を救ってくれるのが乾物たち。
とくに高野豆腐は、たんぱく質、カルシウム、鉄分が豊富。
煮物にすれば口の中に煮汁がじゅわっと広がり上品なお味。
味も栄養面もメインにふさわしい食材です。
今日のメインは高野豆腐の煮物に決まり。
切り干し大根のみそ汁もぜひお試しを。

お品書き

- 高野豆腐の煮物
- きゅうりの塩麹漬け
- 切り干し大根と油揚げと長ねぎのおみそ汁

わかめを水で戻す
1

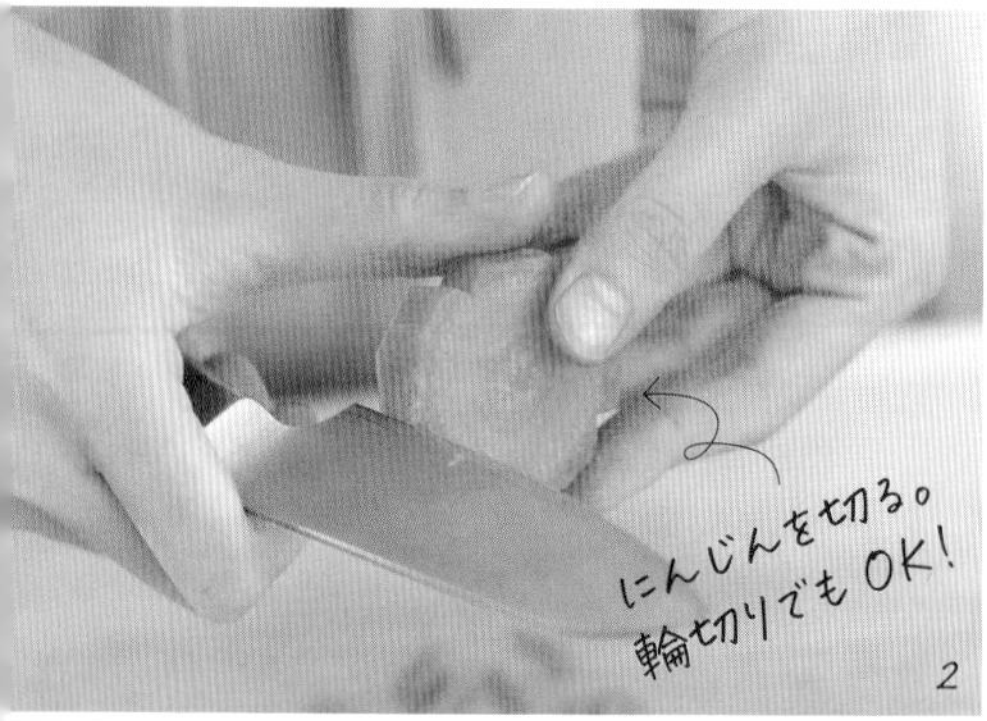
にんじんを切る。
輪切りでもOK!
2

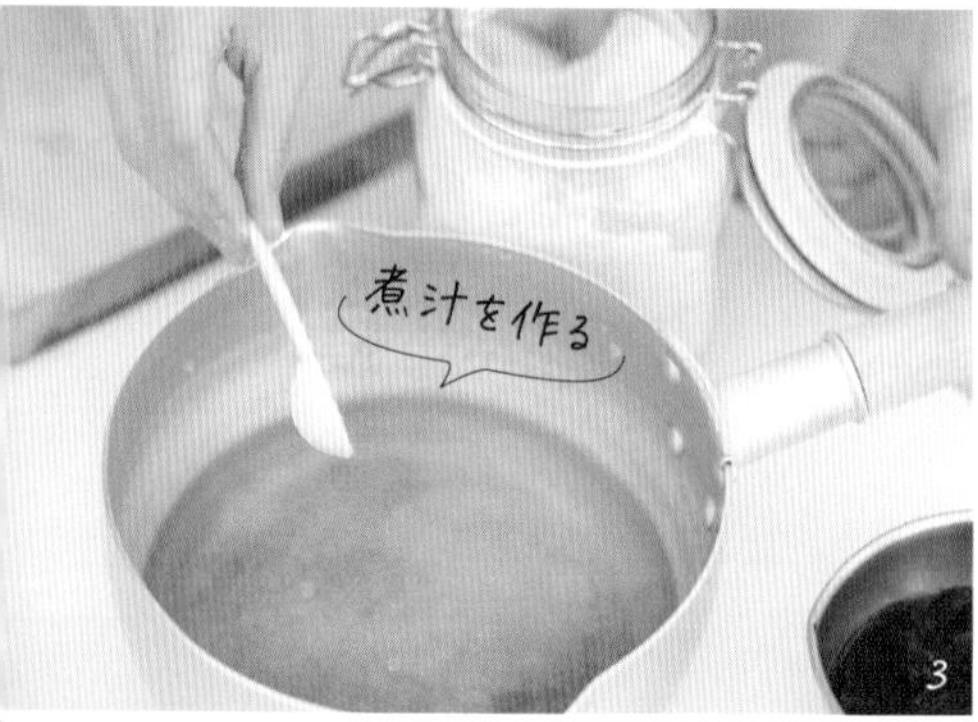
煮汁を作る
3

高野豆腐、にんじんを入れる
4-1

落としぶたをして
15分煮る
4-2

高野豆腐の煮物

材料 （2人分）

高野豆腐…小サイズ12個
にんじん…1/4本（太い部分を使用）
乾燥わかめ…大さじ1くらい
だし汁…2カップ
薄口しょうゆ、みりん、砂糖…各大さじ1

＊高野豆腐は小さくカットされているものを使用しています。小さいので水で戻す必要がなく便利です。

作り方

1 乾燥わかめは水（分量外）に浸し戻す。
2 にんじんは1cm幅の輪切りにし、花形に切る。
3 鍋にだし汁、薄口しょうゆ、みりん、砂糖を入れ、中火にかける。
4 3に高野豆腐とにんじんを入れ、落としぶたをして15分煮る。
5 お皿に盛り、煮汁をそそぐ。水気を絞った1を添える。

わかめは歯応えを残すため、煮物とは一緒に煮込まず、最後にお皿に添えていただきます。

きゅうりの塩麹漬け

材料 (2人分)

きゅうり…1本
塩麹…大さじ1

作り方

1 きゅうりは水で洗い、斜め薄切りにする。
2 ボウルに入れて塩麹と和える。

切り干し大根と油揚げと長ねぎのおみそ汁

材料 （2人分）

切り干し大根…ひとつかみ

長ねぎ…½本

油揚げ…適量

水…360ml

かつお粉…小さじ2

*顆粒和風だしなどでも可

みそ…大さじ1

*油揚げは短冊切りにして冷凍しておいたものを使用

作り方

1 切り干し大根はハサミで食べやすい大きさに切り、水でさっと洗う。

2 長ねぎは斜め薄切りにする。

3 鍋に水を入れ中火にかけ、沸いたら、1、2、油揚げを入れ、3分煮る。

4 かつお粉を入れ、みそを溶く。

1

2

3

さあ、いただきましょう

わたしの小さなこだわり

調理道具のこと。

お気に入りの道具を使うと料理をするのも楽しくなりますよね。
わたしが朝ごはん作りでよく使う調理道具の中から、
実際に使ってよかったものをご紹介します。

大好きな白と木調でそろえたおみそ汁セット。琺瑯鍋は２～３人分のみそ汁を作るのにぴったりな直径15㎝。琺瑯は色がついても酸素系漂白剤で簡単に落ちるので、汚れが気になりません。みそポットは、買ってきたみそがパッケージごとスポッと入るサイズ。取っ手がついていて冷蔵庫からサッと取り出せるのが便利。適量のみそをすくってそのままふるだけで溶けるみそマドラーもおすすめです。

野菜の下処理に便利な、竹ざる、３Wayボウル、せん切りスライサー。竹ざるは野菜を洗ったり水にさらしたりするのに本当に便利。ステンレスのざるは網目に水の膜ができてしまいますが、竹ざるはそれがなく、水ぎれがいいうえ軽いので使いやすいです。ざるとボウルが一体化した３Wayボウルは、側面の⅓に穴があいているので、野菜のアク抜きや米とぎにも活躍します。

卵焼きが格段においしくなる銅の卵焼き器と３点ボウルセット。銅の卵焼き器は、熱伝導率が高いので、ふわっふわの卵焼きができます。ボウルは内側に目盛りがついているのと、縁に注ぎ口がついているのがお気に入り。この注ぎ口があるおかげで液だれせず、キッチンを汚すことも少なくなりました。

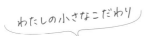

2章

あると便利
自家製調味料の作り方

YouTubeで紹介したら反響のあった自家製調味料のレシピです。
めんつゆやぽん酢などの調味料は買ってくるものだと思いがちですが、
意外と簡単に手作りできるのでおすすめ。
材料もシンプルなので、やさしい味に仕上がります。

自家製だと、
もっとおいしい。

わたしがよく作っている５種の調味料の作り方をご紹介します。
手作りの調味料って、時間に余裕がないとできないな…　と
思っている方も多いかもしれませんが、実はとっても簡単。
日持ちもするのでぜひ試してみてください。
材料の配分を調節して自分好みの味にしたり、
季節の素材をプラスしてみたり、アレンジするのもいいですね。
いつもの料理がきっともっとおいしく、楽しくなるはず。

ぽん酢
P89

豆乳マヨネーズ
P90

万能ねぎだれ
P92

しょうゆ麹
P82
塩麹
P82
めんつゆ
P86

塩麹・しょうゆ麹

麹は素材をやわらかくするだけではなく、旨味もたっぷり。少ない塩分でもおいしく感じられるから、減塩したいときにもおすすめです。

材料

塩麹
乾燥米麹…200g
塩…60g
水…300ml

しょうゆ麹
乾燥米麹…200g
しょうゆ…300ml

冷蔵で半年ほど日持ちします

塩麹の作り方

1 乾燥米麹はボウルに入れほぐす。

2 粒がパラパラになるまでほぐす。

3 塩を加える。

4 乾燥米麹と塩をよく混ぜる。

5 水を加える。

6 よく混ぜる。

7 保存容器に入れ、平らにならす。

8 空気が入るようにふたを少しあけ、常温で保存する。

しょうゆ麹の作り方

1
乾燥米麹はボウルに入れほぐす。

2
粒がパラパラになるまでほぐす。

3
しょうゆを加える。

4
乾燥米麹としょうゆをよく混ぜる。

5
保存容器に入れ、平らにならす。

6
空気が入るようにふたを少しあけ、常温で保存する。

- ふたを少しあけ、常温で保存します。
- 毎日1回はかき混ぜましょう。
- 2日目に混ぜるとき、塩麹は水、
  しょうゆ麹はしょうゆを少し足します。
  混ぜやすくなるくらいでOKです。
- とろりとして、ほのかな甘みが出てきたらできあがり。
- できあがったら冷蔵庫で保存します。

こんな料理に使ったよ

白菜と手羽元の塩麹煮

P.110

かぶの塩麹サラダ

P.64

蒸しじゃがのしょうゆ麹のせ

P.34

めんつゆ

お蕎麦のおつゆとしても、煮浸しなどの料理に使ってもおいしいめんつゆ。このレシピは市販のめんつゆの4倍濃縮と同じくらいなので、お好みの濃さに薄めてくださいね。

材料

しょうゆ…２００g
みりん…１５０g
酒…２００g
削り節…たっぷりひとつかみ
昆布…10g

＊デジタルスケールの上に鍋をのせ、材料を計りながら加えていく方法が簡単なので、すべてグラム(g)表示にしています。

冷蔵で1か月ほど日持ちします

作り方

1
デジタルスケールの上に鍋を置き、しょうゆ、みりん、酒を入れる。

2
削り節を加える。

3
昆布を加える。ふたをして冷蔵庫で一晩置く。

4

一晩置いた *3* を火にかけ、ふつふつしてきたら弱火にし10分煮る。

5

ボウルにざるを重ねキッチンペーパーをしく。

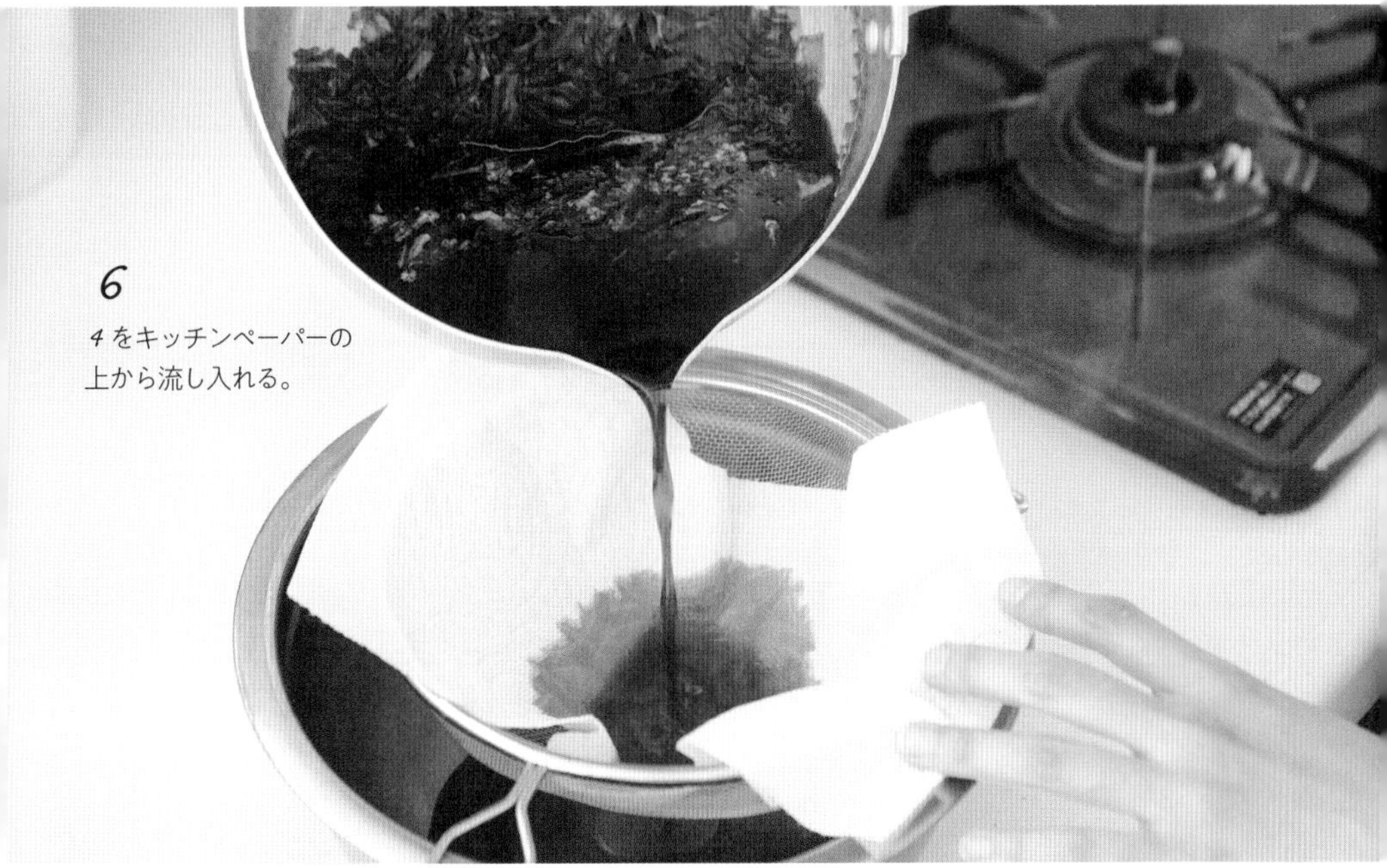

6

4 をキッチンペーパーの上から流し入れる。

7

削り節や昆布が吸ったつゆも絞り出す。

8

冷めたら保存容器に入れる。

だしがらも使いましょう

昆布はきざんで
煮物に使えます
削り節は
ふりかけに

ふりかけの作り方

1

削り節は細かく切る。

2

フライパンを熱し、*1*をパラパラになるまで炒める。

3

粗熱が取れたら保存容器に入れる。お好みでごまを入れてもおいしい。

ぽん酢

材料を混ぜて一晩置くだけでできちゃう、お手軽なぽん酢。柚子の季節は果汁や皮を入れてもおいしいです。

材料

しょうゆ…150ml
酢…150ml
みりん…150ml
昆布…約10cm

冷蔵で1か月ほど日持ちします

作り方

1
保存容器にしょうゆ、酢、みりんを入れる。

2
昆布を入れる。

3
冷蔵庫で一晩置く。3日くらい置くとよりおいしい。

作り方

1
デジタルスケールの上にミキサーの容器を置き、豆乳を入れる。

2
米油、きび砂糖、塩を加える。

3
2をミキサーにかける。泡立て器で混ぜたり、瓶に入れてふるだけでもOK。

豆乳マヨネーズ

豆乳のやさしい味わいがお気に入りのマヨネーズ。卵を使っていないから、卵アレルギーのある方でも安心して使っていただけます。

材料

無調整豆乳…50g
米油(ほかの油でも可)…100g
きび砂糖(ほかの砂糖でも可)…小さじ1
塩…小さじ½
酢…小さじ2

冷蔵で2週間ほど日持ちします

4 全体が白くなったら、酢を入れる。

5 全体的に混ぜる。

6
保存容器に入れる。

こんな料理にも
使ってみてね

かぼちゃのみそマヨサラダ

P.128

鶏むね肉とブロッコリーの
にんにくマヨサラダ

P.114

万能ねぎだれ

冷や奴、そうめん、ごはんにかけても◎。何にでも使えるので、すぐに使い切ってしまいます。辛いのが好きな方は唐辛子やラー油を加えてもおいしいですよ。

材料

- 長ねぎ…1本
- 酢…120ml
- しょうゆ…100ml
- 砂糖…60g
- ごま油…大さじ1
- 白炒りごま…大さじ2

冷蔵で1週間ほど日持ちします

作り方

1 長ねぎはみじん切りにする。

2 保存容器に1を入れる。

3 2をキッチンスケールの上にのせ、調味料とごま油を計りながら加える。

4 最後に白炒りごまを加える。

5 混ぜる。

今日はどの調味料を
使おうかな…

わたしの小さなこだわり

使い捨てない。

レジ袋が有料化され、わたしも自分ができる“環境にいいこと”を探してみました。キッチンまわりだけでも、ラップや保存袋、キッチンペーパーなど、使い捨てていたものがたくさんあります。使い捨てるものを少しでもなくそうと、みつろうラップを作ったり、保存袋は何度も使えるシリコーン製のものに変えたりしています。少し手間はかかるけど、その分、使う楽しみが増えたように思います。

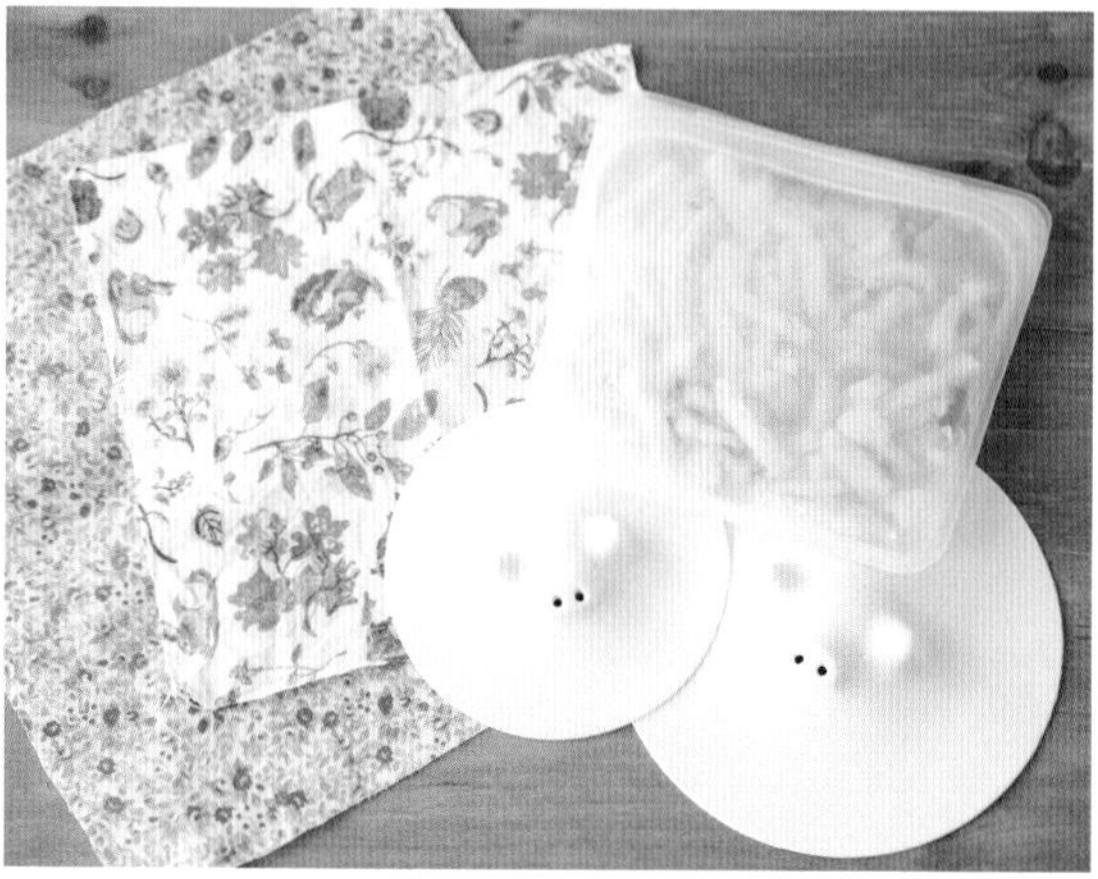

シリコーン製の保存袋と落としぶた、みつろうラップ。シリコーン製の落としぶたは、電子レンジで加熱する際のラップ代わりにも使えます。好きな布(綿100%)にみつろうを染み込ませて作るみつろうラップは、かわいいだけじゃなく抗菌性、保湿性があり、野菜をくるんでおくと鮮度を保ってくれる優れものです。

みつろうラップの作り方

1 好きな布を30cmくらいの正方形に切る。クッキングシートの上に切った布を置き、その上にみつろうをまんべんなく置く。

2 *1*の上にクッキングシートを被せ、低温～中温のアイロンを当てる。布の隅々までみつろうが行き届くようにする。

3 クッキングシートからはずして、冷ます。

3章

野菜がおいしすぎる作りおき＆簡単おかず

Instagramではおもにヘルシーな作りおきのおかずを投稿していて、こちらもたくさんの方にフォローしていただいています。

そのなかから野菜をたっぷり食べられるレシピを中心にご紹介。

「最近野菜が足りてないな…」というときにぜひ活用してください！

保存〇日 …冷蔵での保存可能期間。調理した日を１日としています。保存状態や環境などによって異なるため、目安として活用してください。

PART.1

時間がたってもおいしい！作りおきおかず

手羽先とピーマンの焼き浸し

保存4日

材料（3～4人分）

鶏手羽先…8本
ピーマン…5個
A しょうゆ、酢…各大さじ3
A 砂糖…大さじ1
A 水…50ml
サラダ油…適量
七味唐辛子…適量

作り方

1 鶏手羽先は皮の反対側の、骨と骨の間に包丁で切り込みを入れる。ピーマンは半分に切って種とわたを取り、さらに縦半分に切る。

2 *A* は混ぜ合わせておく。

3 フライパンにサラダ油を熱し、*1* の上下を返しながら7分ほど焼く。焼けたら *2* に浸す。

4 お好みで七味唐辛子をふる。

栄養について

鶏肉は、アミノ酸バランスが優れた良質なたんぱく質。特に必須アミノ酸（体内で合成できないアミノ酸）であるメチオニンが豊富で、肝臓の機能を強化する働きがあります。**ピーマン**に含まれるピラジンは、血液サラサラ効果があるとされ、血栓を予防し、脳梗塞・心筋梗塞を防ぐのに役立つといわれています。

鶏むね肉とかぶの甘辛炒め

保存4日

材料（2人分）

鶏むね肉…1枚
かぶ…小3個
A 塩…小さじ1/3
A 砂糖…小さじ1
片栗粉…大さじ1
B しょうゆ…大さじ1と1/2
B 砂糖…大さじ1
B おろししょうが…小さじ1
サラダ油…大さじ1

作り方

1 かぶは茎を2cm残して切り、4等分のくし形切りにする。

2 鶏むね肉は一口大のそぎ切りにし、*A* をもみ込み、片栗粉をまぶす。

3 フライパンにサラダ油を熱し、*2* を並べ入れて焼く。焼き色がついたら上下を返し、あいたところに *1* を加える。ふたをして弱火で5分蒸し焼きにする。

4 ふたを取り、*B* を加えて炒め合わせる。

栄養について

胸むね肉は脂質が少なくカロリーも低めなので、体作りやダイエットをしている方にもおすすめ。**かぶ**はほとんどが水分ですが、カリウムやビタミンCが多く含まれます。葉のほうが栄養価は高いので、葉も捨てずに調理しましょう。細かく刻んでスープにしたり、炒めてふりかけにするのもおすすめです。

鶏とごぼうのコチュジャン煮

保存4日

材料 （2～3人分）

鶏むね肉… 1枚
ごぼう… 1本
しょうゆ、酒…各小さじ1
片栗粉…大さじ1
A
- しょうゆ、砂糖、みりん、コチュジャン …各大さじ1と½
- 水…100ml

白炒りごま…適量
細ねぎ…適量
サラダ油…大さじ1

作り方

1 鶏むね肉は一口大に切り、しょうゆ、酒、片栗粉をもみ込む。

2 ごぼうは皮をこそげ落とし、乱切りにして水にさらす。

3 フライパンにサラダ油を熱し、*1*を強めの中火で両面焼く。*2*を加えて1分炒めたら*A*を入れ、煮立ったらアクを取って落としぶたをして中火で10分煮る。

4 落としぶたを取り、汁気が飛んで照りが出てきたら火を止め、白炒りごまと小口切りにした細ねぎを散らす。

栄養について

一見こってりしてそうですが、**鶏むね肉**と**ごぼう**なのでヘルシー。ごぼうは皮付近に栄養や旨味が詰まっているので、皮は厚くむかず、包丁の背で丁寧にこそげ落としましょう。

鶏むね肉と長芋のわさマヨソテー

保存4日

材料 （2～3人分）

鶏むね肉… 1枚
長芋…150g
しょうゆ…小さじ1
片栗粉…大さじ1
A
- マヨネーズ …大さじ1
- しょうゆ …小さじ2
- わさび …小さじ1

細ねぎ…適量
サラダ油…大さじ1

作り方

1 長芋は皮をむき、1cm幅の輪切りにする。鶏むね肉は一口大のそぎ切りにしてしょうゆをもみ込み、片栗粉をまぶす。*A*は混ぜ合わせておく。

2 フライパンにサラダ油を熱し、鶏むね肉と長芋を入れ中火で3分焼く。片面焼けたら上下を返し、ふたをして3分焼く。

3 混ぜ合わせた*A*を加えて全体に絡める。お好みで小口切りにした細ねぎを散らす。

栄養について

わさびの辛みはアリルイソチオシアネートという成分によるもの。**大根**や**キャベツ**にも含まれますが、わさびがひときわ強いのが特徴です。

鶏とさつまいものバターしょうゆ

保存４日

材料 （２～３人分）

鶏もも肉…１枚
さつまいも…１本(300g)
塩…少々
バター…10g
水…300ml
砂糖…大さじ１と½
しょうゆ…大さじ２
細ねぎ、白炒りごま…各適量

作り方

1　鶏もも肉は一口大に切り、塩をふる。さつまいもは皮つきのまま乱切りにし、水(分量外)にさらす。
2　鍋にバターを溶かし、鶏もも肉を入れ中火で炒め、さつまいもも加えて炒める。水、砂糖を加えてふたをし、弱めの中火で10分煮る。
3　ふたを取り、しょうゆを加え、強めの中火で煮詰める。小口切りにした細ねぎと白炒りごまを散らす。

栄養について

さつまいもはカロリーが高めではありますが、食物繊維が豊富なうえに満腹感を与えてくれるので、ダイエット向きの食材。とはいえ、食べすぎには注意。１日１本までが目安です。

たっぷり野菜ダッカルビ

保存４日

材料 （２～３人分）

鶏もも肉…１枚
玉ねぎ…½個
にら…１束
えのきだけ…½袋(約100g)
A ┌ コチュジャン…大さじ２
　│ しょうゆ、砂糖…各大さじ１と½
　│ 片栗粉…小さじ２
　└ おろしにんにく、ごま油…各小さじ１
白炒りごま…適量

作り方

1　鶏もも肉は一口大に切る。玉ねぎは薄切りに、にらは５cm長さに切る。えのきだけは石づきを落としてほぐす。
2　耐熱容器に*A*を入れ、*1*を加えて混ぜる。ラップをかけ電子レンジで４分加熱する。
3　一度取り出して混ぜ、さらに４分加熱する。白炒りごまをふる。

栄養について

鶏もも肉のたんぱく質に加え、野菜の持つ食物繊維やビタミンも一緒にとれる、栄養バランスのいい一品。特に**にら**はβ-カロテン、ビタミンC、硫化アリルなどの栄養素が豊富です。

なすと豚肉のぽん酢だれ

保存4日

材料 **（2～3人分）**

豚こま切れ肉…200g
なす…３本
大葉…２～３枚
A ぽん酢…大さじ3
　水…大さじ2
　砂糖、おろししょうが…各小さじ1
ごま油…大さじ1

作り方

1　なすはヘタを取り、長さを半分に切ったら縦4等分に切る。大葉はせん切りにする。*A*は混ぜ合わせておく。

2　フライパンにごま油を熱し、豚こま切れ肉となすを入れる。あまり動かさないように強めの中火で焼き、焼き色がついたら上下を返してふたをし、弱火で3分蒸し焼きにする。

3　ふたを取ってさっと炒め、*A*を加えて一煮立ちさせる。大葉を散らす。

栄養について

ぽん酢のクエン酸、**豚肉**のビタミンB_1には疲労回復効果があり、お疲れぎみの方におすすめの一品。こってりの豚肉も、さっぱりおいしくいただけるメニューです。

豚こまのしょうがレモンソテー

保存4日

材料 **（2人分）**

豚こま切れ肉…160g
しょうが…30g
長ねぎ…½本
A レモン汁
　　…大さじ1
　塩、片栗粉
　　…各小さじ½
　砂糖…小さじ1

作り方

1　長ねぎは斜め薄切り、しょうがはせん切りにする。

2　耐熱容器に豚こま切れ肉、*A*を入れて混ぜ、その上に*1*をのせ、ラップをかけて電子レンジで1分加熱する。

3　一度取り出して混ぜ、さらに電子レンジで1分半加熱する。

栄養について

豚肉はビタミンB_1が豊富で、その含有量は牛肉の8～10倍。ビタミンB_1は糖質をエネルギーに変えるために必要なビタミンで、疲労回復にもいいそうです。**しょうが**と**長ねぎ**は体を温める効果があるので、豚肉と一緒にとれば相乗効果で免疫力が高まりますよ。

豚こまトマト

保存４日

材料 （2～3人分）

豚こま切れ肉…250g
玉ねぎ…½個
にんにく…１かけ
A［カットトマト缶…１缶
水…200ml
トマトケチャップ…大さじ3
砂糖…大さじ½
塩…小さじ⅓］
オリーブオイル…適量

作り方

1　玉ねぎ、にんにくはみじん切りにする。

2　鍋にオリーブオイルとにんにくを入れて中火にかけ、香りがたったら豚こま切れ肉と玉ねぎを加えて炒める。

3　肉の色が変わったら*A*を加えて混ぜ、弱めの中火で10分煮る。

栄養について

トマトには強い抗酸化作用を持つリコピンが豊富に含まれます。リコピンは熱に強いので、煮込み料理でも壊れずに摂取することが可能。むしろ加熱したほうがトマトの細胞壁が壊れてリコピンを効率よく摂取できるといわれています。

豚肉と切り干し大根の煮浸し

保存４日

材料 （2人分）

豚ロース肉（しゃぶしゃぶ用）…160g
切り干し大根…30g
しょうが…１かけ
A［だし汁…400ml
しょうゆ…大さじ１と½
砂糖、酒…各大さじ１］

作り方

1　切り干し大根は水でさっと洗い、キッチンバサミで食べやすい長さに切る。しょうがはせん切りにする。

2　鍋に*A*としょうがを入れて火にかけ、煮立ったら切り干し大根と豚ロース肉をほぐしながら加える。中火で５分煮る。

栄養について

切り干し大根にはカルシウム、カリウム、食物繊維などの栄養素が多く含まれ、旨味も豊富。水で戻すと栄養や旨味が水に溶け出るので、さっと洗うだけでも大丈夫です。

もつ煮込み

保存５日

材料 **（4～5人分）**

豚白もつ … 400g
大根 … ⅓本
にんじん … ½本
こんにゃく … １枚（250g）
A［みりん、酒 … 各大さじ３
　 顆粒和風だし … 小さじ１
B［みそ … 大さじ４
　 しょうゆ … 大さじ２
細ねぎ、七味唐辛子 … 各適宜

作り方

1　豚白もつは熱湯で10分ゆでてざるにあげる。大根とにんじんは皮をむいていちょう切り、こんにゃくはアク抜きをして一口大に切る。

2　鍋に *1* と *1* がかぶるくらいの水、*A* を入れて火にかける。煮立ったらアクを取り、弱火にして10分煮る。*B* を加えてさらに30分煮込む。

栄養について

もつには体を作るために必要なたんぱく質や、貧血に役立つ鉄、エネルギー代謝に関わるビタミンB群などが多く含まれます。先にもつを下ゆでしておくことで、余分な油が落ちてカロリーオフでき、臭みも取ることができますよ。

豚とキャベツのもつ鍋風

保存４日

材料 **（2人分）**

豚バラ肉 … 200g
キャベツ … ¼個
にんにく … ２かけ
にら … １束
鷹の爪（輪切り）
　… 大さじ½～１
A［白だし … 80ml
　 水 … 700ml
　 酒 … 大さじ２

作り方

1　キャベツは食べやすい大きさにざく切り、にんにくは薄切り、豚バラ肉とにらは５cm長さに切る。

2　鍋に *A* と豚バラ肉を入れ、肉をほぐしてから中火にかける。煮立ったらアクを取り、キャベツとにんにくを加えて４分煮る。

3　にらと鷹の爪を加え、にらがしんなりするまで１分ほど煮る。

栄養について

にんにくや**にら**に含まれる硫化アリルや、**唐辛子**に含まれるカプサイシンには血行促進作用があり、体を温めて冷えの予防に役立ちます。体を温めることは免疫力を高めるのにも効果があるので、風邪をひきやすい季節におすすめです。

鮭と玉ねぎのカレーマリネ

保存4日

材料 **(2人分)**

生鮭(切り身)…2切れ
玉ねぎ…½個
塩、こしょう…各少々
薄力粉…適量
A
- だし汁…75ml
- 酢…大さじ3
- しょうゆ…大さじ2
- 砂糖…大さじ1
- カレー粉…小さじ1

サラダ油…適量

作り方

1 生鮭は塩、こしょうをふり、一口大のそぎ切りにして薄力粉をまぶす。

2 玉ねぎは薄切りにしてボウルに入れる。*A*を加え電子レンジで1分加熱する。

3 フライパンに多めのサラダ油を熱し、*1*を両面揚げ焼きにする。焼けたら油をきり、*2*に漬ける。

栄養について

えびやかに、**鮭**など、赤い海産物に多く含まれるアスタキサンチンは、抗酸化作用と抗炎症作用を持っているので、紫外線によるシワ、しみ、目の炎症を抑える働きも。鮭の皮にはコラーゲンも豊富。美容にうれしい食材です。

えびときのこのおろ玉ソテー

保存4日

材料 **(2～3人分)**

冷凍むきえび…200g
しめじ…1パック
しいたけ…5枚
玉ねぎ…¼個
ぽん酢…大さじ4
片栗粉、サラダ油
　…各大さじ1

作り方

1 冷凍むきえびは解凍し、背に切れ目を入れて背わたがあれば取り除く。水気を拭き取り片栗粉をまぶす。

2 しめじは石づきを落としてほぐす。しいたけは石づきを落として四つ割りにする。

3 玉ねぎはすりおろし、ぽん酢と混ぜ合わせる。

4 フライパンにサラダ油を熱し、*1*を並べて焼く。片面が焼けたら上下を返し、*2*を加えてふたをし、弱めの中火で5分蒸し焼きにする。*3*を加えて混ぜる。

栄養について

えびは高たんぱく、低脂質でダイエット向きの食材。しかも、コレステロール値を下げる働きのある必須ミネラル「バナジウム」を含んでいます。バナジウムは、インスリン分泌や血糖値を正常に保つ働きもあるとされ、糖尿病への効果が期待されています。

水菜と厚揚げの煮浸し

保存４日

材料 （2人分）

厚揚げ… ２枚
水菜… ½束
A
- 水… 150ml
- めんつゆ（４倍濃縮）… 50ml
- みりん… 大さじ１
- おろししょうが… 小さじ１

サラダ油… 適量

作り方

1 厚揚げはキッチンペーパーで余分な油を拭き取って一口大に切る。水菜は洗って根元を落とし、４cm長さに切る。

2 フライパンにサラダ油を熱し、厚揚げを両面焼く。

3 *A*を加えて一煮立ちさせたら水菜を加え、くたっとするまで煮る。

栄養について

厚揚げはたんぱく質のほか、カルシウムも豊富な食材。**水菜**もカルシウム豊富なので、カルシウム補給におすすめの一品ですよ。

保存４日

がんもと水菜の煮浸し

材料 （3～4人分）

がんもどき… 中３枚
水菜… １束
A
- だし汁… 400ml
- しょうゆ… 大さじ１と½
- 砂糖、酒… 各大さじ１

作り方

1 がんもどきは熱湯をかけて油抜きし、４等分に切る。

2 水菜は洗って根元を落とし、４等分の長さに切る。

3 鍋に*A*を入れて火にかけ、煮立ったら*1*を入れて落としぶたをして10分煮る。

4 がんもどきを端に寄せ、あいたところに*2*を入れてさっと煮る。

栄養について

がんもどきには大豆由来のたんぱく質と、カルシウムが多く含まれます。カルシウムは骨や歯を作るために必要な栄養素です。がんもどきの100ｇ当たりのカルシウム含有量は270mgで、実は牛乳よりも多いのです。

キャベツとささみのラー油だれ

保存４日

材料 **（2～3人分）**

キャベツ…¼個
鶏ささみ肉…２本
酒…大さじ１

A［しょうゆ…大さじ２
砂糖、酢、ラー油、白炒りごま
…各大さじ１］

作り方

1　鶏ささみ肉は耐熱容器に入れて酒をふり、ふんわりとラップをかけて電子レンジで１分半加熱する。ラップをはずし冷ましておく。

2　*A*は混ぜ合わせておく。

3　キャベツはざく切りにし、耐熱容器に入れてラップをかけ、電子レンジで３分加熱する。

4　*1*を線維に沿ってほぐし、*2*、*3*と一緒に混ぜ合わせる。

栄養について

鶏肉に含まれる必須アミノ酸のメチオニンは、肝機能を高めるほか、アレルギー症状を抑制する効果、アンチエイジングや免疫力を高める働きがあるとされています。

キャベツとしょうがのやみつきサラダ

保存４日

材料 **（2～3人分）**

キャベツ…½個
しょうが…30g

A［しょうゆ…小さじ２
鶏ガラスープの素、
ごま油…各小さじ１
砂糖…小さじ½］

白炒りごま…適量

作り方

1　キャベツは洗って太めのせん切りにする。しょうがはせん切りにする。

2　耐熱容器に*1*を入れてラップをかけ、電子レンジで３分加熱する。

3　水気をきり、*A*を加えて混ぜ、白炒りごまをふる。

栄養について

しょうが特有の辛みは、ショウガオールという成分によるものです。胃腸の血流を活発にして食欲増進に役立ちます。また血行を促進して体を温める効果があるので、冷え予防にも効果的。

キャベツバーグ

保存４日

材料 **（小さめ８個分）**

キャベツ…¼個
合いびき肉…250g
パン粉…½カップ
卵…１個
牛乳…50ml
塩、こしょう…各少々
A ［トマトケチャップ、中濃ソース、赤ワイン…各大さじ２
サラダ油…適量

作り方

1　キャベツはせん切りにし、電子レンジで４分半加熱する。粗熱を取り、水気を絞る。

2　ボウルに合いびき肉、パン粉、卵、牛乳、塩、こしょうを入れ、少し白っぽくなるまでこねたら*1*を入れ、さらにこねる。

3　フライパンに油をひき（火はまだつけない）、*2*を８等分にしてハンバーグ形に成形したものを並べる。中火で片面焼いたら上下を返してふたをし、さらに３分焼いて取り出す。

4　フライパンをさっと拭き、*A*を入れて混ぜながら中火で２分加熱し、ハンバーグにかける。

栄養について

カロリーが高くなりがちなハンバーグですが、キャベツをたっぷり加えることでカロリーオフしました。**キャベツ**にはおなかの調子を整える食物繊維、抗酸化作用やコラーゲンの合成に関わるビタミンC、胃腸を守る働きのあるビタミンUなどの栄養素が含まれます。

キャベツのコンビーフ煮

保存４日

材料 **（２～３人分）**

キャベツ…½個
玉ねぎ…½個
コンビーフ…80g
固形コンソメ…１個
塩、こしょう…各少々
サラダ油…適量

作り方

1　玉ねぎはみじん切りにする。キャベツ½個は４等分にくし形切りにする。

2　鍋にサラダ油を熱し、玉ねぎを入れて炒める。

3　玉ねぎが透き通ったらキャベツを入れ、水をキャベツの８分目まで入れて固形コンソメとコンビーフを加える。ふたをして弱火で15分煮る。塩、こしょうで味を調える。

栄養について

キャベツにはおなかの調子を整える食物繊維、抗酸化作用やコラーゲンの合成に関わるビタミンC、胃腸を守る働きのあるビタミンUなどが含まれます。加熱するとビタミンCやビタミンUは壊れてしまいますが、加熱によりかさが減って量を食べやすくなるので、食物繊維を効率的にとることができます。

かぼちゃと豚肉のみそ炒め

保存4日

材料（2～3人分）

豚バラ肉…200g
かぼちゃ…⅛個（200g）
A
- 酒…大さじ2
- みそ…大さじ1と½
- みりん、砂糖…各大さじ1
- しょうゆ…小さじ1

細ねぎ…適量
サラダ油…適量

作り方

1　かぼちゃは種とわたを取って半分に切り、5㎜厚さに切る。
2　Aを混ぜ合わせておく。
3　フライパンにサラダ油を熱し、1を並べて中火で両面焼いたら取り出す。
4　同じフライパンに豚バラ肉を入れ中火で炒める。火が通ったらかぼちゃを戻して2を加え、水分を飛ばしながら炒める。小口切りにした細ねぎを散らす。

栄養について

抗酸化力の高いβ-カロテンやビタミンE、ビタミンCなどが豊富な**かぼちゃ**。じつは種も栄養豊富で、コレステロール値を下げるリノレン酸やオレイン酸が含まれています。種はフライパンでよく炒ってから、皮をむいて食べられますよ。

切り干しキムチ

保存5日

材料（3～4人分）

切り干し大根…30g
にら…½束
A
- 酢、しょうゆ、白炒りごま…各大さじ1
- おろししょうが、韓国唐辛子、ごま油…各小さじ1

作り方

1　切り干し大根は洗って食べやすい長さに切る。にらは3㎝長さに切る。
2　ポリ袋に1、A、水大さじ2を入れて混ぜる。1時間ほど置いて完成。

栄養について

切り干し大根は生の大根より多くの旨味や栄養を含んでいます。しかも干すことでカルシウム、鉄、ビタミンD、食物繊維などの栄養素がぐんと増します。アミラーゼという酵素も干すことで活性化し、でんぷんを分解して糖を作り出すので甘みも増しますよ。

大根とスモークサーモンのマリネ

保存４日

材料 （3～4人分）

大根…¼本

スモークサーモン…80g

A
- オリーブオイル…大さじ2
- 酢、レモン汁…大さじ1
- 砂糖…小さじ1
- 塩…1つまみ
- あらびきこしょう…少々

作り方

1 大根は皮をむいて縦半分に切り、薄い半月切りにする。塩小さじ1（分量外）をふって10分置き、さっと洗って水気を絞る。

2 ボウルに*1*、スモークサーモン、*A*を入れて混ぜる。

栄養について

オリーブオイルには不飽和脂肪酸のオレイン酸が豊富に含まれます。オレイン酸は増えすぎた悪玉コレステロールを減らす働きがあるといわれ、血管を健康に保って生活習慣病の予防に役立つといわれています。

トマトの牛すき煮

保存４日

材料 （2～3人分）

トマト…2個

牛肉…200g

玉ねぎ…½個

A
- 水…150ml
- しょうゆ、みりん、酒…各大さじ2
- 砂糖…大さじ1

作り方

1 トマトは8等分のくし形切りにする。玉ねぎはくし形切りにする。

2 鍋に*A*を入れて火にかけ、沸騰したら牛肉をほぐしながら加える。

3 *1*を加え、落としぶたをして6分煮る。

栄養について

トマトにはビタミンCやリコピンが多く含まれます。リコピンは強い抗酸化作用を持ち、そのパワーはビタミンEの約100倍もあるそうです。その抗酸化力により、体内の活性酸素を除去するのに役立ちます。

鶏とごぼうのごまみそ煮

保存４日

材料 （２人分）

ごぼう … １本
鶏もも肉 … １枚(300g)
A ［みそ、酒 … 各大さじ２
　 みりん、砂糖 … 各大さじ1
白すりごま … 大さじ２
サラダ油 … 適量

作り方

1　ごぼうは洗って斜め薄切りにし、酢水にさらす。鶏もも肉は一口大に切る。

2　フライパンにサラダ油を熱し、鶏もも肉を炒める。肉の色が変わったらごぼうを入れて炒める。油が回ったら*A*を加え、ふたをして時々混ぜながら弱めの中火で６分煮る。

3　ふたを取り、適度に煮詰めたら火を止め、白すりごまを加えて混ぜる。

栄養について

ごまの成分の半分以上は脂質ですが、その脂質はリノール酸やオレイン酸といった、健康に役立つ不飽和脂肪酸が中心です。コレステロール値や中性脂肪値を下げる働きがあり、生活習慣病の予防に役立ちます。

ソースきんぴら

材料 （４人分）

保存４日

ごぼう … １本
にんじん … $\frac{1}{2}$本
A ［中濃ソース … 大さじ２
　 しょうゆ、砂糖 … 各小さじ１
ごま油 … 大さじ１
粉チーズ … 適量

作り方

1　ごぼうは洗ってせん切りにし、酢水にさらす。にんじんは皮をむいてせん切りにする。

2　フライパンにごま油を熱し、水気をきった*1*を加えて炒める。しんなりしたら*A*を加え、水分を飛ばしながら全体に絡め、粉チーズをふる。

栄養について

食物繊維には水溶性、不溶性の２種類があります。水溶性は腸の中で水分を吸って膨らみ、満腹感を与えます。不溶性は便のかさを増し、腸内のビフィズス菌を増やす効果も。**ごぼう**は、両方の食物繊維を含んだ食材です。

白菜のコールスロー

保存4日

材料 **（4～5人分）**

白菜…⅛個
にんじん…⅓本
玉ねぎ…½個

A
- 酢…75ml（大さじ5）
- オリーブオイル…大さじ3
- 砂糖…大さじ1
- 塩…小さじ½
- こしょう…少々

作り方

1 白菜は根元を切り、横に細切りにする。にんじんは皮をむいてせん切りにする。玉ねぎは薄切りにする。

2 ボウルに*A*を混ぜ合わせ、*1*を加えて混ぜる。

栄養について

白菜は95％以上が水分ですが、ビタミンCやカリウムなどの栄養素を含んでいます。ビタミンCは美肌作りや風邪予防に役立つといわれています。カリウムには塩分の排出効果があり、高血圧の予防に役立ちます。

たらマヨ白菜

保存4日

材料 **（作りやすい分量）**

白菜…¼個
たらこ…30g
マヨネーズ…人さじ3

作り方

1 白菜は細切りにし、塩小さじ1をふる。5分置いてざるにあげ、水気を絞る。

2 たらこは薄皮を取り除く。ボウルにたらこ、マヨネーズを入れて混ぜ、*1*を加えて混ぜる。

栄養について

たらこは塩分が多いので、食べすぎには注意。でも、**マヨネーズ**は意外に塩分が少なく、味を濃く感じさせてくれる効果もあるので、たらことマヨネーズの組み合わせは減塩におすすめですよ。

白菜と手羽元の塩麹煮

保存4日

材料 **（3～4人分）**

鶏手羽元…600g（12本）
白菜…¼個
A［塩麹…大さじ4
　酒…大さじ2
じゃがいも…2個
塩麹（追加用）…大さじ2

作り方

1　鶏手羽元と*A*をポリ袋に入れてもみ込み、空気を抜いて口を閉じ、冷蔵庫に一晩置く。

2　白菜はざく切り、じゃがいもは皮をむき一口大に切る。

3　鍋に*1*を汁ごと入れ、水600mlを加えて中火にかける。沸騰したらアクを取ってふたをし、20分煮る。

4　じゃがいもと塩麹を加え、白菜をかぶせるように入れる。ふたをしてさらに20分煮る。

栄養について

クタクタになるまで**白菜**を煮るのがポイントです。煮ることでかさが減るのでたくさんの白菜もペロリと食べられます。食物繊維もたくさんとることができますよ。

保存4日

白菜とのりのナムル

材料 **（3～4人分）**

白菜…⅛個
のり（全形）…3枚
ごま油…小さじ2
塩…小さじ½
白炒りごま…適量

作り方

1　白菜は1cm幅に切って電子レンジで5分加熱する。

2　粗熱が取れたら水気を絞り、ごま油と塩を入れて混ぜ、のりもちぎって加えて混ぜる。白炒りごまをふる。

栄養について

のりは意外に栄養豊富な食材です。骨や歯を作るために必要なカルシウム、血液を作り貧血予防に大事な鉄などのミネラル、ビタミンCやカロテンなどのビタミン類も多く含まれます。また、水溶性食物繊維も豊富で、便秘予防や食べすぎの防止に役立つといわれます。

いんげんとしょうがの煮浸し

保存 4 日

材料 **(作りやすい分量)**

さやいんげん…100g
しょうが… 1かけ

A
- だし汁…200ml
- しょうゆ…大さじ1
- みりん…大さじ2

作り方

1 さやいんげんはヘタを取り、食べやすい長さに切る。しょうがは皮をむき、せん切りにする。

2 鍋に*A*としょうがを入れて火にかけ、煮立ったらさやいんげんを加えて1分煮る。

栄養について

β-カロテンやビタミンCが豊富な**さやいんげん**。体内の酸化を防ぎ、生活習慣病の予防に役立ちます。高血圧に効くカリウムや、おなかの調子を整える食物繊維も豊富。

焼ききのこのめんつゆ漬け

保存 4 日

材料 **(3～4人分)**

しいたけ… 4枚
しめじ… 1パック
えのきだけ…½袋(100g)

A
- めんつゆ(3倍濃縮)、水…各大さじ2
- みりん…大さじ1
- 赤唐辛子(小口切り)…少々

ごま油…大さじ1

作り方

1 しいたけは石づきを落として半分に切る。しめじは石づきを落としてほぐす。えのきだけは根元を切って長さを半分に切る。

2 フライパンにごま油を熱し、*1*を入れて炒める。あまり動かさずに焼きつけるようにし、しんなりしたら*A*を加え、ふたをして2分煮る。

栄養について

きのこは全般的にビタミンDと食物繊維が豊富。ビタミンDは体内でも合成されますが、合成には紫外線が必要なので、適度に日光を浴びることが大切。ちなみにきのこも日光に当てるとビタミンDが増えます。

肉巻きポテト

保存４日

材料 （２人分）
豚ロース薄切り肉…８枚
じゃがいも…中～大２個
塩、こしょう…各少々
片栗粉…適量
A ｜トマトケチャップ…大さじ２
A ｜中濃ソース…大さじ１
A ｜砂糖…小さじ１
サラダ油…適量
あらびきこしょう、ドライパセリ
…各適宜

作り方
1　じゃがいもは皮をむいて４等分に切る。耐熱容器に入れてラップをかけ、電子レンジで４分加熱する。
2　豚ロース薄切り肉は塩、こしょうをふり、*1*に巻いて片栗粉をふる。
3　*A*は混ぜ合わせておく。
4　フライパンにサラダ油を熱し、*2*を肉の巻き終わりが下になるように並べ入れ、焼き色がつくように転がしながら焼く。*3*を加えて全体に絡める。お好みであらびきこしょうとドライパセリをふる。

栄養について

バーベキュー味の肉巻きポテト！　**じゃがいも**に豊富な炭水化物は、活動に必要なエネルギーを作り出すのに不可欠です。ガツンと食べたいときにおすすめ。

新じゃがのシャキシャキサラダ

保存４日

材料 （３人分）
新じゃがいも…２個
ハム…３枚
A ｜塩、あらびきこしょう…各適量
A ｜オリーブオイル…大さじ１

作り方
1　新じゃがいもは皮をむき、せん切りにして水に５分さらす。
2　ハムはせん切りにする。
3　*1*の水気をきり、熱湯で１分ゆでたら流水にとって冷まし、水気を絞る。
4　ボウルに*2*と*3*を入れ、*A*を加えて混ぜる。

栄養について

じゃがいもは炭水化物のほかに、食物繊維、カリウム、ビタミンCが豊富。とくに、ビタミンCはでんぷんに守られているので、ゆでても壊れにくいそうです。

しゃがいもとベーコンのこっくり煮

保存４日

材料 （4～5人分）

じゃがいも
　…中４個
ベーコン… ２枚
しょうゆ、砂糖
　…各大さじ２
オリーブオイル
　…大さじ½
ドライパセリ、
　あらびきこしょう
　…各適量

作り方

1　じゃがいもは皮をむき食べやすい大きさに切る。ベーコンは２cm幅に切る。

2　フライパンにオリーブオイルを熱し、ベーコンを炒める。ベーコンから脂が出てきたらじゃがいもを加え、さっと炒める。

3　しょうゆ、砂糖、水300mlを加え、煮立ったら落としぶたをして弱火で７～８分煮る。

4　ふたを取り、汁気がほとんどなくなるまで７～８分煮る。ドライパセリ、あらびきこしょうをふる。

栄養について

じゃがいもは他の野菜と比べて一度に食べる量も多いことから、ビタミンCの補給源としても役立ちます。ビタミンCは免疫力アップや、コラーゲンの合成に関わるため健康な肌作りにも欠かせません。

こんにゃくの肉巻き

保存３日

材料 （2～3人分）

豚ロース薄切り肉… 12枚
こんにゃく（アク抜きタイプ）
　…１枚（300g）
片栗粉… 大さじ１
しょうゆ、みりん… 各大さじ２
サラダ油… 小さじ１
細ねぎ… 適量

作り方

1　こんにゃくは短辺を横に12等分に切り、豚ロース薄切り肉を巻く。片栗粉を薄く両面にまぶす。

2　フライパンにサラダ油を熱し、*1*を巻き終わりが下になるようにして並べ入れる。両面を３分ずつ、焼き色がつくまで焼く。

3　しょうゆとみりんを加えて煮詰めながら全体に絡める。小口切りにした細ねぎを散らす。

栄養について

こんにゃくは100g当たり７kcalと、とても低カロリーな食材です。お肉と少し食感が似ているので、肉巻きにするとカロリーオフしながら、満足感も感じることができますよ。

鶏むね肉とブロッコリーのにんにくマヨサラダ

保存３日

材料 （2～3人分）

鶏むね肉…１枚
ブロッコリー…½個

A
- 塩…小さじ⅓
- マヨネーズ…小さじ２

片栗粉…大さじ２

B
- マヨネーズ…大さじ３
- 砂糖…大さじ½
- レモン汁…小さじ２
- おろしにんにく…小さじ½
- 塩…小さじ¼

作り方

1　鶏むね肉は一口大のそぎ切りにして*A*をもみ込み、片栗粉をまぶす。ブロッコリーは小房に分け、洗う。

2　ボウルに*B*を混ぜ合わせておく。

3　耐熱容器にブロッコリーを広げ、鶏むね肉を重ならないようにのせる。ふんわりラップをかけて電子レンジで４分加熱する。

4　汁気をきったブロッコリーと鶏むね肉を*2*に入れて絡める。

栄養について

電子レンジで簡単にできちゃう一品。レンジ調理は手軽なだけじゃなく、栄養素を効率的に摂取できるのも魅力。**ブロッコリー**に含まれるビタミンＣも損なうことなくいただけます。

ブロッコリーのツナキムチサラダ

保存３日

材料 （３人分）

ブロッコリー…１個
ツナ缶…１缶
キムチ…100g
しょうゆ
…大さじ½
ごま油…小さじ２

作り方

1　ブロッコリーは小房に分け、洗う。耐熱容器に入れてラップをかけ、電子レンジで３分加熱する。

2　水分が出たら捨て、汁気をきったツナ缶、キムチ、しょうゆ、ごま油を加えて混ぜる。

栄養について

ブロッコリーに**ツナ**と**キムチ**を合わせて韓国風にした、やみつきになるおいしさ。ビタミンＣ豊富で美肌効果も期待できますよ。

やみつき！ セロリの中華和え

保存４日

材料 （４人分）

セロリの茎…２本
ザーサイ…30g
A
- しょうゆ…小さじ2
- 砂糖…小さじ1
- レモン汁、ごま油…各大さじ1
- 鷹の爪（小口切り）…１本
- 白炒りごま…適量

作り方

1　セロリは斜め薄切りにする。ザーサイは細切りにする。

2　ボウルに*A*を混ぜ合わせ、*1*を加えて混ぜる。

栄養について

セロリの独特な香りはアピインという成分によるもの。アピインは精神を安定させる効果があり、なんだかイライラするよ～というときにおすすめです。

長ねぎのコンソメ煮

保存４日

材料 （４人分）

長ねぎ…２本
ベーコン…１枚
水…200ml
固形コンソメ…½個
塩、あらびきこしょう…各少々
オリーブオイル…適量

作り方

1　長ねぎは食べやすい長さに切る。ベーコンは１cm幅に切る。

2　フライパンにオリーブオイルを熱し、ベーコンを炒める。長ねぎを加え、あまり動かさずに焼き色をつけるように焼く。

3　水と固形コンソメを加え、ふたをして弱火で５分煮る。塩で味を調え、あらびきこしょうをふる。

栄養について

長ねぎは緑の部分のほうがβ-カロテンが豊富で栄養価が高いです。だから緑の部分も捨てずに、丸ごと使ってくださいね。

もやしとひき肉の辛みそ炒め

保存3日

材料 **（2人分）**

もやし… 1袋

豚ひき肉…100g

にら…½束

にんにく… 1かけ

A
- みそ、酒…各大さじ2
- 砂糖…大さじ1
- 豆板醤…小さじ½

作り方

1　にらは5cm長さに切る。にんにくはみじん切りにする。

2　フライパンを熱し、豚ひき肉を入れて炒める。脂が出てきたら、にんにくを加えて炒める。

3　肉に火が通ったら*A*を加えて炒め、にらともやしを加えて1～2分炒める。

栄養について

にらは、根元に硫化アリルが豊富に含まれています。シャキッとした食感もアクセントになりますので、根元も捨てずにいただきましょう。

にらのさばみそ缶和え

保存4日

材料 **（3～4人分）**

にら… 1束

さばのみそ煮缶詰… 1缶

七味唐辛子…適量

作り方

1　にらは4cm長さに切る。耐熱容器に入れてラップをかけ、電子レンジで1分半加熱する。

2　にらの水分が出たら捨て、汁気をきったさばのみそ煮を加え、さばをほぐしながら混ぜる。七味唐辛子をふる。

栄養について

にらにはカロテン、ビタミンC、ビタミンE、食物繊維などの栄養素が含まれています。100g当たりのカロテンの量は、小松菜よりも多く、意外に栄養豊富な野菜なのです。

にんじんの クリームチーズ和え

保存３日

材料 **（作りやすい分量）**

にんじん… １本
クリームチーズ…30g
めんつゆ（３倍濃縮）…小さじ２
ドライパセリ…適量

作り方

1 クリームチーズは１㎝角に切る。
2 にんじんはせん切りにし、電子レンジで２分半加熱する。熱いうちに *1* を加え混ぜる。
3 めんつゆを加えて混ぜ、ドライパセリを散らす。

栄養について

にんじんを大量消費できるレシピです。β-カロテン豊富なにんじんは、肌や目の健康を保つのにもいいですよ。

小松菜のオイル蒸し

保存４日

材料 **（２人分）**

小松菜… １束
にんにく（薄切り）… １かけ分
鷹の爪（輪切り）…適量
塩…小さじ½
オリーブオイル、水…各大さじ１

作り方

1 小松菜は洗って根元を落とし、長さを半分に切る。
2 フライパンに *1*、にんにく、鷹の爪を入れ、塩、オリーブオイル、水を回し入れる。
3 ふたをして弱めの中火で３分蒸す。

栄養について

ゆでるより、炒めるより、断然おいしいオイル蒸し。**小松菜**に豊富なβ-カロテンは脂溶性なので、油と一緒だと吸収率がアップします。鉄分とビタミンＣも豊富なので、貧血予防にもおすすめです。

れんこんバーグの梅てり焼き

保存４日

材料 **（8個分）**

れんこん…200g
鶏ひき肉…200g
A 酒…大さじ１
A おろししょうが…小さじ１
A しょうゆ…小さじ½
梅干し…２個
B しょうゆ、砂糖…各大さじ１
B みりん…大さじ１と½
白炒りごま…適量
サラダ油…適量

作り方

1　れんこんは皮をむき、¾はすりおろして水気を絞る。残りはみじん切りにする。
2　梅干しは種を取って包丁で叩き、*B*と混ぜ合わせる。
3　ボウルに*1*と鶏ひき肉、*A*を入れてよく混ぜ、８等分にする。
4　フライパンにサラダ油を熱し、*3*を丸めて並べ入れる。焼き色がついたら上下を返し、ふたをして２分蒸し焼きにする。*2*を加えて全体に絡め、白炒りごまをふる。

栄養について

れんこんの主な成分はでんぷんですが、免疫力アップや美肌作りに役立つビタミンCや、おなかの調子を整える食物繊維、ポリフェノールも豊富です。ポリフェノールは活性酸素の働きを抑えるので老化防止に役立ちます。

保存４日

ぽりぽり梅れんこん

材料 **（作りやすい分量）**

れんこん…300g
梅干し…中３個
みりん…大さじ１
サラダ油…大さじ½

作り方

1　れんこんは皮をむいて１㎝角に切り、酢水につけて水気をきる。梅干しは種を取って包丁で叩く。
2　フライパンにサラダ油を熱し、れんこんを２～３分炒めたら梅干し、みりん、水大さじ２を加えてさっと混ぜる。

栄養について

れんこんが黒ずんでくるのは、ポリフェノールのタンニンが含まれるため。タンニンは抗酸化作用があり健康に役立つ成分です。水につけ変色を防止できますが、つけすぎると水溶性のタンニンも流れてしまうので、長くつけすぎないようにしましょう。

無限水菜 保存4日

材料（2～3人分）

水菜…1束
塩昆布…大さじ2
ごま油…小さじ1
削り節…適量
しょうゆ…少々

作り方

1 水菜は洗って根元を落とし、5㎝長さに切る。熱湯でさっとゆでてざるにあげ、冷水にさらしたら水気をよく絞る。

2 ボウルに *1*、塩昆布、ごま油、削り節を入れて混ぜ、しょうゆで味を調える。

栄養について

昆布にはグルタミン酸、削り節にはイノシン酸という旨味成分が含まれています。異なる旨味成分をかけ合わせると、「旨味の相乗効果」により旨味がパワーアップ！ 旨味がしっかりあるおかげで、塩分は少なめでもおいしくいただけます。

ガーリックまいたけ 保存4日

材料（2～3人分）

まいたけ…1パック
にんにく…2かけ
しょうゆ…小さじ1
オリーブオイル…大さじ1
あらびきこしょう…適量

作り方

1 まいたけは食べやすい大きさに手で裂く。にんにくはみじん切りにする。

2 フライパンにオリーブオイルとにんにくを入れて火にかける。にんにくの香りがたってきたらまいたけを加えて炒める。

3 油がまわったらしょうゆを加えてさっと炒め、あらびきこしょうをふる。

栄養について

まいたけに含まれるβ-グルカンは、強い抗がん作用を持つことで注目されています。他のきのこにも含まれる成分なのですが、まいたけのβ-グルカンは少し構造が異なり、腫瘍の増殖を抑える働きがあるそうです。加熱に強いので、炒めたり煮たりしても摂取できます。

アボカドとモッツァレラのめんつゆ漬け

保存4日

材料 **(作りやすい分量)**

アボカド…½個
モッツァレラチーズ(一口タイプ)…100g
めんつゆ(3倍濃縮)…50ml
水…100ml

作り方

1 アボカドは2㎝角に切る。

2 保存容器に*1*とモッツァレラチーズを入れ、水とめんつゆをそそぎ入れる。冷蔵庫に一晩置く。

栄養について

アボカドは「森のバター」とも呼ばれ、脂肪分が多いのが特徴。でも脂肪分の大半はオレイン酸やリノール酸といった不飽和脂肪酸で、中性脂肪を下げたり、悪玉コレステロールを減らして善玉コレステロールを増やす働きがあり、生活習慣病の予防に役立ちます。

ひじきと大豆のマリネ

保存4日

材料 **(2～3人分)**

乾燥ひじき…大さじ5(15g)
大豆ドライパック…1パック(110g)

A
- しょうゆ…小さじ2
- 砂糖…小さじ1
- 酢、オリーブオイル…各大さじ1

作り方

1 乾燥ひじきは水で戻し、熱湯でさっとゆでる。

2 ボウルに*A*を混ぜ合わせて、*1*と大豆を加えて混ぜる。

栄養について

ひじきはカルシウムが豊富な食材。カルシウムをとるときにはマグネシウムとのバランスが大事なのですが、ひじきにはこの2つの栄養素がバランスよく含まれています。

なすとオクラの白だし漬け

保存４日

材料 **(作りやすい分量)**

オクラ…６本
なす…１本
白だし…大さじ２と½
みりん…大さじ１
削り節…適量

作り方

1 オクラは塩少々をふって板ずりし、熱湯で２分ゆでてざるにあげ、冷水にとり水をきる。ガクを取ってみじん切りにする。

2 なすはみじん切りにして５分ほど水にさらし、水気をきる。

3 ボウルに *1*、*2*、白だし、みりん、削り節を入れ混ぜ合わせる。

栄養について

オクラは、胃の粘膜を守るムチン、抗酸化作用のあるβ-カロテンが豊富。また、食物繊維の一種であるペクチンは、糖質やコレステロールの吸収を妨げる働きがあります。

まろやかピクルス

保存５日

材料 **(作りやすい分量)**

きゅうり…１本
パプリカ(黄)…½個
ミニトマト…６個
大根…150g
A［酢、水…各200ml
　 砂糖…大さじ４と⅓
鷹の爪…１本
ローリエ…１枚

作り方

1 鍋に *A* を入れて火にかけ、沸騰したら火を止め冷ます。

2 きゅうりは長さを三等分にし、縦四つ割りにする。パプリカは種とわたを取って細切り、大根は皮をむき１cmの拍子木切りにする。ミニトマトはヘタを取る。

3 保存容器に *1* と *2*、鷹の爪、ローリエを入れ、一晩置く。

栄養について

酸味が苦手な人におすすめの、まろやか**ピクルス**。お酢に含まれるクエン酸は疲労回復効果があるほか、鉄やカルシウムの吸収を助ける働きがあるので、それらを含む食材と組み合わせるといいですよ。

アボカドのマスタード漬け　保存３日

材料　**（作りやすい分量）**

アボカド…１個

A
- レモン汁、粒マスタード…各大さじ１
- しょうゆ、砂糖…各大さじ½

作り方

1　アボカドは２㎝角に切る。

2　ボウルに*A*を入れて混ぜ、*1*を加えて混ぜる。

栄養について

アボカドは、意外にも食物繊維が豊富。アボカド１個にはごぼう１本分と同じくらいの食物繊維が含まれています。特に水に溶けやすい水溶性食物繊維が多く含まれ、腸内で水を含んでゲル状になり、コレステロールや糖質の吸収を妨げる働きがあります。

レンジで！　蒸しなすのごま和え　保存４日

材料　**（２～３人分）**

なす…４本

白すりごま…大さじ２

しょうゆ、砂糖…各大さじ１

作り方

1　なすはヘタを取り、ピーラーで縦に３本皮をむく。さっと水にくぐらせて耐熱容器に入れ、ラップをふんわりかけて電子レンジで４分加熱する。

2　ボウルに白すりごま、しょうゆ、砂糖を混ぜ合わせる。

3　なすの粗熱が取れたら縦８等分に裂いて軽く水気を絞り、*2*に入れて和える。

栄養について

ごまに含まれるセサミンやセサミノールは、総称して「ゴマリグナン」といいます。ゴマリグナンは強い抗酸化力を持つのが特徴。活性酸素を除去して体内の酸化を防ぎます。

簡単！ なすの煮物

保存４日

材料 (2～3人分)

なす … ３本
めんつゆ（３倍濃縮）
　… 50ml
水 … 150ml
砂糖 … 大さじ１
細ねぎ … 適量
サラダ油 … 適量

作り方

1　なすはヘタを取って縦半分にし、皮目に斜めに切り込みを入れ、長さを半分に切る。

2　フライパンに少し多めのサラダ油を熱し、*1*の皮目を下にして中火で３分焼く。裏返してふたをし、３分蒸し焼きにする。

3　めんつゆと水、砂糖を加えて、落としぶたをして４～５分煮る。小口切りにした細ねぎを散らす。

栄養について

なすは果肉がスポンジ状なので、断面から焼くと一気に油を吸い取ってしまいます。皮のほうから焼くことで少ない油でもおいしく焼くことができます。

なすのコチュジャン和え

保存４日

材料 (3～4人分)

なす … ４本
A［コチュジャン、ごま油 … 各大さじ１
　　砂糖、酢 … 各大さじ½
細ねぎ（小口切り）… 大さじ３
白炒りごま … 大さじ１

作り方

1　なすはヘタを取り、ピーラーで縦に２本皮をむく。耐熱容器に入れ、ラップをふんわりかけて電子レンジで４分加熱する。

2　なすの粗熱が取れたら、手で縦に細く裂いて水気を絞る。

3　ボウルに*A*を混ぜ合わせ、*2*を加えて和える。細ねぎと白炒りごまをふる。

栄養について

なすはほとんどが水分なので、他の野菜と比べると栄養素の量は少ないですが、皮に含まれるナスニンという成分は抗酸化作用が強く、老化防止に役立ちます。また、コチュジャンに含まれるカプサイシンには、血行促進効果や食欲増進効果があります。

ぽりぽりごぼう

保存４日

材料 **(作りやすい分量)**

ごぼう…１本

A［しょうゆ、砂糖、酢…各大さじ２
　 鷹の爪(輪切り)…小さじ１

作り方

1　ごぼうは洗って５cm長さに切り、縦四つ割りにして酢水にさらす。

2　鍋に湯を沸かし、水気をきった *1* を入れ、４～５分ゆでてざるにあげる。

3　ポリ袋に *A* と *2* を入れてもみ混ぜ、空気を抜いて口を縛る。一晩置く。

栄養について

ごぼうには食物繊維が豊富で、おなかの調子を整える働きがあります。また、抗酸化作用の強いポリフェノールも豊富です。とくに皮の付近に多く含まれるので、皮は厚くむかずにたわしで表面をこする程度にしましょう。

しいたけの南蛮漬け

保存４日

材料 **(作りやすい分量)**

しいたけ…８枚

A［酢…大さじ３
　 酒…大さじ２
　 しょうゆ
　 …大さじ１と½
　 砂糖…大さじ１
　 赤唐辛子(小口切り)
　 …適量

ごま油…適量

作り方

1　耐熱容器に *A* を入れ、電子レンジで40秒加熱する。

2　しいたけは石づきを落として半分に切る。フライパンにごま油を熱し、しいたけを入れて焼き色がつくまで焼く。

3　焼きあがったら *1* に漬ける。

栄養について

しいたけには他のきのこにはない「エリタデニン」という成分が含まれています。エリタデニンは悪玉コレステロールを減らし、善玉コレステロールを増やす効果があるそうです。血圧を下げる効果もあるといわれています！

里芋のシンプル煮

保存５日

材料 **（4人分）**

里芋…500g

A［しょうゆ、みりん…各大さじ2
　 だし汁…200ml

作り方

1 里芋は耐熱容器に入れ、水大さじ１をまわしかけたらふんわりとラップをかけ、電子レンジで５分加熱する。

2 里芋の皮をむき、水で洗ってぬめりを落とす。

3 鍋に*2*と*A*を入れて火にかけ、ふつふつとしてきたら落としぶたをして弱めの中火で10分煮る。

栄養について

里芋の独特のぬめりは、ガラクタンやムチンといった成分によるもの。ガラクタンには血圧やコレステロール値の上昇を抑える働きがあるといわれます。人の消化酵素では分解されないので、たくさん摂取しても脂肪にならないというメリットがあります。

長芋のみそバター炒め

保存４日

材料 **（2～3人分）**

長芋…250g

みそ、みりん、水…各小さじ2

バター…10g

作り方

1 長芋は皮をむき、５cm長さに切ったら１cm幅の棒状に切る。みそ、みりん、水は混ぜ合わせる。

2 フライパンにバターを溶かし、*1*を入れて中火で２～３分炒める。

栄養について

長芋は生でも食べられますが、炒めるとサクサクホクホクと食感が変わっておいしいです。でも、長芋に含まれる消化酵素は熱に弱いので、酵素を生かしたいなら生食がおすすめです。

長芋のわさぽん漬け

保存４日

材料 **(作りやすい分量)**

長芋…１本(約350ｇ)
ぽん酢…大さじ４
練りわさび…大さじ½

作り方

1　長芋は皮をむき、縦半分に切ったら１cm厚さに切る。

2　ポリ袋にぽん酢と練りわさびを入れてもみ混ぜ、*1*を入れて空気を抜いて袋の口を閉じる。半日ほど置く。

栄養について

シャキシャキの**長芋**にピリッと辛いわさびがたまりません！　長芋のねばねばに含まれるムチンは、たんぱく質の消化吸収を助けてくれるので、胃にやさしいおつまみに。

長芋のみそがらめ

保存２～３日

材料 **(作りやすい分量)**

長芋…１本(約350ｇ)
A［みそ、みりん…各大さじ２
　　しょうゆ、砂糖…各大さじ１
片栗粉…大さじ１
白炒りごま…適量
サラダ油…適量

作り方

1　*A*は混ぜ合わせておく。

2　長芋は皮をむき、１cm厚さの輪切りにする。ポリ袋に長芋と片栗粉を入れ、シャカシャカふって片栗粉をまぶす。

3　フライパンに少し多めのサラダ油を熱し、*2*を並べて揚げ焼きにする。

4　両面焼けたら火を止め、*1*を加えて全体に絡める。白炒りごまをふる。

栄養について

ムチンや食物繊維などの消化酵素が豊富な**長芋**。ムチンは加熱すると少なくなってしまいますが、食物繊維は多く含まれているので、おなかの調子を整えるのに役立つ一品です。

焼きねぎのごま和え

保存３日

材料 **(作りやすい分量)**

長ねぎ(白い部分) … ２本

A［白すりごま … 大さじ１
　 しょうゆ、砂糖 … 各小さじ１

作り方

1 長ねぎは３cm長さに切り、フライパンに並べ入れる。ふたをして弱めの中火で両面２分ずつ焼く。

2 ボウルに*A*を混ぜ合わせて、 *1*を加えて和える。

栄養について

ねぎは優れた抗菌・殺菌効果があるといわれ、昔から風邪のひきはじめに食べるといいといわれてきました。体を温める効果もあり、冷えの予防にもおすすめの食材です。

ブロッコリーのおかかまみれ

保存４日

材料 **(作りやすい分量)**

ブロッコリー … １個

A［しょうゆ、みりん … 各小さじ２
　 サラダ油 … 大さじ１

削り節 … ひとつかみ

作り方

1 ブロッコリーは小房に分け、大きいものは半分に切る。

2 フライパンに*A*を入れ、 *1*を加えてふたをし、弱めの中火で２分蒸し煮にする。

3 ふたを取って汁気を飛ばし、削り節を加えて混ぜる。

栄養について

ブロッコリーは抗酸化力の強いカロテンやビタミンCのほかにも、がんを予防する効果があるスルフォラファンという成分が含まれています。ゆでるよりも蒸したほうが栄養素の損失が少ないのでおすすめです。

かぼちゃのみそマヨサラダ

保存3日

材料 **(3～4人分)**

かぼちゃ … ¼個(約250g)
マヨネーズ … 大さじ2
みそ … 小さじ1
黒炒りごま … 適量

作り方

1　かぼちゃは種とわたを取り、適当な大きさに切って耐熱容器に入れ、ラップをかけて電子レンジで5分加熱する。

2　ボウルにマヨネーズとみそを混ぜ、*1*を加えてフォークでつぶしながら混ぜる。

3　黒炒りごまをふる。

栄養について

かぼちゃの栄養価は、野菜の中でもトップクラス。とくに、三大抗酸化ビタミンと呼ばれる、ビタミンA（β-カロテン)、ビタミンE、ビタミンCが豊富。強力な抗酸化作用を発揮します。

ほうれんそうのピリ辛和え

保存4日

材料 **(4人分)**

ほうれんそう … 2束

A
- しょうゆ、酢 … 各小さじ2
- 砂糖、豆板醤、おろしにんにく … 各小さじ1
- ごま油、白炒りごま … 各大さじ1

作り方

1　ほうれんそうは根元に十字の切り込みを入れて洗い、熱湯で1分ゆでる。

2　*1*を冷水にとり水気を絞って4cm長さに切る。

3　ボウルに*A*を入れて混ぜ、*2*を加えて混ぜる。

栄養について

ほうれんそうは根元に多くの鉄が含まれています。赤い根元の部分も切り落とさず、よく洗って食べるのがおすすめです。

保存３日

水菜のチーズサラダ

材料（2～3人分）

水菜…１束

A
- マヨネーズ、粉チーズ…各大さじ２
- 酢…小さじ１
- 塩、こしょう…各少々

作り方

1　水菜は熱湯でさっとゆでて冷水にさらし、水気を絞って３cm長さに切り、もう一度水気を絞る。

2　ボウルにAを混ぜ合わせ、1を加えて和える。

栄養について

意外と栄養豊富な**水菜**。生のままもいいですが、さっとゆでるとかさが減り、量を食べやすくなります。短時間でゆでれば栄養素の損失が少なく、シャキッとした歯応えが残ります。

保存４日

れんこんの辛子みそ漬け

材料（作りやすい分量）

れんこん…150ｇ

A
- みそ、みりん…各大さじ１と½
- 練り辛子…小さじ１

作り方

1　れんこんは長さ５cmの棒状に切る。酢を加えた熱湯で５分ほどゆでてざるにあげる。

2　ボウルにAを混ぜ合わせ、1を加えて和える。

栄養について

れんこんにはビタミンCやタンニン、カリウムといった栄養素が多く含まれます。皮の部分にもポリフェノールなどの成分が多く含まれるため、皮はむかずに調理しましょう。

保存４日

小松菜のシンプルおひたし

材料（5～6人分）

小松菜…２束

めんつゆ（３倍濃縮）…50ml

水…150ml

作り方

1　小松菜は熱湯でさっとゆでる。冷水にとり、ざるにあげ、水気を絞る。根元を落として５cm長さに切る。

2　保存容器にめんつゆと水を混ぜ、1を浸す。

栄養について

野菜で鉄というとほうれんそうを思い浮かべる方も多いかもしれませんが、じつは**小松菜**のほうが鉄を多く含んでいます。鉄の吸収率を高めるビタミンCも含まれています。

きゅうりの柚子こしょう漬け

保存4〜5日

材料 **（作りやすい分量）**

きゅうり…２本
柚子こしょう
　…小さじ２

作り方

1　きゅうりは洗って１cm幅の輪切りにする。

2　ポリ袋に *1* と柚子こしょうを入れてよくもみ込み、冷蔵庫で一晩置く。

栄養について

きゅうりにはカリウムやビタミンC、食物繊維などが多く含まれます。カリウムは塩分を排出する働きがあるので、塩分のとりすぎによるむくみなどに効果がありますよ。

大根の皮のぽん酢漬け

保存４日

材料 **（作りやすい分量）**

大根の皮…⅓本分
ぽん酢…大さじ３

作り方

1　大根は洗って皮を５mm程度の厚さにむき、皮を細切りにする。

2　保存容器に *1* の皮とぽん酢を入れ、ラップで落としぶたをして一晩置く。

栄養について

わずかな差ですが、**大根の皮**のほうが中の部分よりも栄養が多く含まれています。特に注目したいのがルチンという成分。毛細血管を強くし血流改善に効果があるといわれます。

無限にら

保存５日

材料 **（作りやすい分量）**

にら…２束
A
　コチュジャン、ごま油
　　…各大さじ１
　しょうゆ…大さじ½
　砂糖…小さじ１
白炒りごま…適量

作り方

1　にらは洗って４cm長さに切る。

2　ボウルに *A* を混ぜ合わせ、にらを加えて混ぜる。

栄養について

にらは食欲増進、血液サラサラ作用のある硫化アリルも豊富。ビタミンB_1の吸収率をアップさせるので、豚肉や大豆製品と一緒にとるのがおすすめ。

保存４日

ピリ辛なめたけ

材料 **（作りやすい分量）**

えのきだけ…大１袋
しょうゆ、みりん
…各大さじ２
豆板醤…小さじ½
おろしにんにく、
おろししょうが…各小さじ１

作り方

1　えのきだけは石づきを落とし、３等分に切る。

2　鍋に *1* とすべての材料を入れて火にかけ、弱火で５分煮る。

栄養について

えのきだけには、腸内で善玉菌を増やしたり、有害物質を排出させる「キノコキトサン」という栄養が含まれます。また、EA60というがんを抑制する成分も。

保存４日

ゴーヤみそ

材料 **（作りやすい分量）**

ゴーヤ…½本
A
- みそ、みりん
…各大さじ３
- 砂糖…大さじ１と½
- 削り節…ひとつかみ

ごま油…適量

作り方

1　ゴーヤは縦半分に切って種とわたを取り、さらに縦半分に切って薄切りにする。

2　フライパンにごま油を熱し、*1* を炒める。しんなりしたら混ぜ合わせた *A* を加える。

栄養について

ゴーヤの苦味成分のもと、モモルデシンという成分は、食欲増進、血圧や血糖値を下げる効果があるといわれています。そのほか、カリウム、食物繊維、ビタミンCなども豊富。

保存７日

しょうがの佃煮

材料 **（作りやすい分量）**

しょうが…150g
しょうゆ、酒、砂糖
…各大さじ３
削り節…ひとつかみ

作り方

1　しょうがは皮つきのまません切りにする。

2　鍋にしょうゆ、酒、砂糖を入れて火にかけ、煮立ったら *1* を加えて６～７分煮る。

3　汁気がなくなってきたら削り節を加え、汁気がほとんどなくなるまで２～３分煮る。

栄養について

しょうがに含まれるショウガオールやジンゲロンには血管を広げ血行をよくする効果があります。体が温まるので、冷えの気になる時期におすすめの食材です。

PART.2 すぐ食べたい！簡単おかず

たっぷりきのこ焼肉

材料 （2～3人分）

牛肉(焼肉用)… 250 g
きのこ類(種類はお好みで)… 160g
パプリカ(赤)… ½個
A
- しょうゆ、酒… 各大さじ1
- おろししょうが… 小さじ2
- おろしにんにく… 小さじ1

B
- しょうゆ、レモン汁、酒… 各大さじ1
- 鶏ガラスープの素… 小さじ1

白炒りごま、サラダ油… 各適量

作り方

1 牛肉はAをもみ込む。
2 きのこはそれぞれ石づきを落とし、しめじ、まいたけはほぐし、しいたけ、エリンギは薄切り、えのきだけは3等分に切る。パプリカは種とわたを取り、細切りにする。
3 フライパンにサラダ油を熱し、1を入れて強めの中火で炒める。火が通ったら2を加えてしんなりするまで炒め、Bを加えて1分ほど炒める。
4 白炒りごまをふる。

栄養について

きのこは食物繊維が豊富でカロリー控えめ。でも食べ応えはあるので、ダイエット中の方におすすめの食材です。食物繊維は血糖値の上昇を防ぐ効果もあるので生活習慣病の予防にも。きのこは日光に30分ほど当てるとビタミンDがアップしますよ。

揚げ鶏のにらだれ

材料 （2人分）

鶏むね肉… 1枚
にら… ½束
A
- 酢… 大さじ1と½
- しょうゆ、砂糖 … 各大さじ1
- ごま油、白炒りごま、赤唐辛子(小口切り) … 各小さじ1

塩、こしょう… 各少々
酒… 小さじ1
片栗粉、サラダ油 … 各適量

作り方

1 にらは細かく刻み、Aと混ぜ合わせる。
2 鶏むね肉は観音開きにして半分に切る。塩、こしょう、酒をふり、片栗粉をまぶす。
3 フライパンにサラダ油1㎝程度を熱し、2を入れて中火で両面を焼く。
4 食べやすい大きさに切り、1をかける。

栄養について

にらはβ-カロテンが豊富。β-カロテンは体内で抗酸化作用を発揮するほか、ビタミンAに変わって肌や粘膜の健康を保つ働きがあります。また、疲労回復に役立つアリシンという成分が根元に多く含まれているので、根元は切り落とさずに使うといいですよ。

鶏むね肉と長芋の粉チーズがけ

材料（2人分）
鶏むね肉…1枚
長芋…150 g（約15cm）
片栗粉…適量
粉チーズ…大さじ2
塩、こしょう、ブラックペッパー…各少々
サラダ油…大さじ1

作り方
1 長芋は皮をむき、縦半分に切ったら1cm厚さに切る。
2 鶏むね肉は一口大に切り、塩、こしょうをふる。
3 *1*と*2*に片栗粉をまぶす。
4 フライパンに油を熱し、*3*を並べて焼く。塩、粉チーズ、ブラックペッパーをふる。

栄養について

粉チーズはカルシウムが豊富。パスタにかけるイメージが強いですが、お肉やお魚にふりかけたり、野菜の和え物にも使えます。カルシウム不足が気になる方は意識してとるようにするといいでしょう。

チーズたっぷり！ 鶏むね肉とエリンギのレモンソテー

材料（3人分）
鶏むね肉…1枚
エリンギ…1本
しょうゆ、みりん…各小さじ1
片栗粉…大さじ1
レモン汁…大さじ1
塩、こしょう…各少々
粉チーズ、サラダ油…各適量

作り方
1 鶏むね肉は一口大に切り、しょうゆ、みりんをもみ込む。
2 エリンギは長さ半分に切り、薄切りにする。
3 *1*に片栗粉をまぶす。フライパンにサラダ油を熱し、鶏むね肉を並べて両面焼く。
4 肉に火が通ったら*2*を加えて炒め、レモン汁を加えてさっと炒める。塩、こしょう、粉チーズをふる。

栄養について

レモンに含まれるクエン酸はカルシウムの吸収を高めるので、カルシウムが多く含まれる食品と食べたいですね。今回は**チーズ**と合わせてみました。粉チーズはお皿に盛ってからお好みの量をふって召し上がってくださいね。

さっぱり！
鶏と水菜の塩レモン鍋

材料 **（1人分）**

鶏手羽元…３本
水菜…½束
塩…ひとつまみ
鶏ガラスープの素、レモン汁…各大さじ1
あらびきこしょう…適量

作り方

1　鶏手羽元は塩をもみ込む。水菜は洗って根元を落とし、食べやすい長さに切る。

2　鍋に水を２カップ入れ、鶏手羽元を入れて火にかける。沸騰したら鶏ガラスープの素とレモン汁を加え、10分煮る。

3　2に水菜を入れさっと火を通し、あらびきこしょうをふる。

栄養について

鶏手羽元を酸性のレモンで煮ることで、鶏手羽元の骨からカルシウムが溶け出します！ しかも、**レモン**のクエン酸はカルシウムの吸収を高める効果が。**水菜**もカルシウムが豊富なので、じつはこの鍋、意外にもカルシウムたっぷり鍋なのです。

新じゃがと鶏肉の照り煮

材料 **（3人分）**

鶏もも肉…１枚
新じゃがいも…小5個
さやいんげん…６本
A
- 水…200ml
- しょうゆ、酒…各大さじ2
- みりん、砂糖…各大さじ1

サラダ油…大さじ1

作り方

1　新じゃがいもは洗って半分に切る。さやいんげんは食べやすい長さに切る。鶏もも肉は一口大に切る。

2　フライパンにサラダ油を熱し、じゃがいもを炒める。色がついたら鶏もも肉を加えてさっと炒め、*A*を加えて煮立ったらふたをし、弱火で10分煮る。

3　ふたを取り、さやいんげんを加えたら汁気がなくなるまで３～4分煮詰める。

栄養について

新じゃがいもは水分が多くてやわらかいのが特徴。普通のじゃがいもよりもビタミンCが多く含まれています。

なすと豚バラのみそ炒め丼

材料 **(2人分)**

なす … 1本
豚バラ肉 … 150g
A
- みそ、みりん … 各大さじ2
- 砂糖 … 大さじ½
- 水 … 50ml

大葉 … 2枚
白炒りごま … 適量

作り方

1 なすはヘタを取り、長さを半分に切ったら8等分のくし形切りにする。豚バラ肉は食べやすい大きさに切る。*A*は混ぜ合わせておく。

2 フライパンに豚バラ肉を入れて炒め、色が変わったらなすを加える。なすに肉の脂がなじんだら、*A*を加えて煮る。

3 ときどき混ぜ、汁気がほとんどなくなるまで煮詰める。

4 温かいごはんの上に*3*とせん切りにした大葉をのせ、白炒りごまをふる。

栄養について

豚肉はビタミンB_1を多く含みます。ビタミンB_1は食べたものからエネルギーを生み出すために必要な栄養素で、疲労回復やスタミナアップに役立つといわれています。

カリカリ豚となすのピリ辛炒め

材料 **(2人分)**

豚こま切れ肉 … 150g
なす … 2本
長ねぎ … ⅓本
塩、こしょう … 各少々
片栗粉 … 大さじ1
A
- しょうゆ、酢 … 各大さじ1と½
- 砂糖 … 大さじ1
- 豆板醤 … 小さじ½

白炒りごま … 適量
サラダ油 … 大さじ3

作り方

1 なすはヘタを取って横半分に切り、縦四つ割りにする。長ねぎはみじん切りにする。*A*を混ぜ合わせてたれを作る。

2 豚こま切れ肉は塩、こしょうをふり、片栗粉をまぶす。フライパンにサラダ油を熱し、カリカリになるまで両面をしっかり焼いたら、キッチンペーパーを敷いた皿に取る。

3 *2*のフライパンにそのままなすを入れて油を絡めるように炒め、ねぎを入れたらふたをし、5分蒸し焼きにする。

4 皿に*2*と*3*を盛り、たれをかけて白炒りごまをふる。

栄養について

なすの皮に含まれるナスニンという成分には強い抗酸化作用があり、動脈硬化などの生活習慣病予防に役立ちます。なすは皮をむかずに調理するのがポイントです。

レタス肉巻き～ごまぽん酢だれ～

材料 **(10個分)**

豚ロース薄切り肉…10枚
レタス…½個
A ぽん酢…大さじ1と½
　白すりごま…大さじ1
　砂糖…小さじ1

作り方

1　レタスは太めの細切りにし、塩小さじ1をふって5分置く。水でさっと洗い水気を絞る。

2　豚肉を広げ、*1*を手前にのせて巻く。

3　耐熱容器に*2*を並べ、ラップをかけて電子レンジで6分加熱する。

4　*A*を混ぜ合わせ、*3*にかける。

栄養について

レタスはほとんどが水分で栄養価は高くありませんが、ビタミン類、ミネラル、食物繊維を含んでいます。また、**ごま**は固い皮に包まれていてそのままでは消化吸収されにくいので、すりごまのほうが効率よく栄養をとることができますよ。

豆腐とろろグラタン

材料 **(1人分)**

豆腐…½丁
長芋…200g
めんつゆ(3倍濃縮)
　…小さじ2
シュレッドチーズ
　…適量

作り方

1　長芋は皮をむいてすりおろし、めんつゆを混ぜる。

2　豆腐は食べやすい大きさに切って耐熱容器に並べる。*1*をかけ、シュレッドチーズを散らしたらトースターで焼き色がつくまで焼く。

栄養について

チーズや**豆腐**に含まれるたんぱく質、カルシウムは、体を作るために必要な栄養素。**長芋**に含まれるムチンはたんぱく質の吸収をよくする働きもあるので、一緒にとるといいですよ。

キャベツとツナのレンジ蒸し

材料 （2人分）

キャベツ…¼個
ツナ缶（オイル漬け）… 1缶
塩、こしょう…各少々
粒マスタード…適量

作り方

1 キャベツはくし形に半分に切る。
2 ツナ缶は軽く缶汁をきる。
3 耐熱容器に *1* を並べ、*2* をのせたら、塩、こしょうをふる。ラップをかけて電子レンジで８分加熱する。
4 器に盛り、粒マスタードを添える。

栄養について

キャベツは食物繊維、ビタミンC、ビタミンUが豊富。ビタミンUは別名キャベジンと呼ばれ、胃の粘膜を守る働きがあります。キャベツの芯にも栄養が多く含まれているので、芯も捨てず丸ごと加熱しましょう。

キウイとキャベツと蒸し鶏のサラダ

材料 （2人分）

キャベツ…¼個
鶏むね肉…½枚
にんじん…⅓本
キウイフルーツ… 1個
A ヨーグルト…大さじ2
マヨネーズ…大さじ1
塩、こしょう…各少々

作り方

1 鶏むね肉は耐熱容器に入れて酒小さじ１と塩ひとつまみ（分量外）をふり、ラップをかけ電子レンジで１分半加熱する。上下を返してさらに１分半加熱し、粗熱が取れたら線維に沿ってほぐす。
2 キャベツは細切りにして塩（分量外）をふって５分置いたら水気を絞る。にんじんはせん切り、キウイフルーツはいちょう切りにする。
3 ボウルに *A* を入れて混ぜ、*1* と *2* を加えて混ぜる。

栄養について

グリーンキウイは食物繊維が豊富。また、ビタミンCも含まれています。身近な果物の中ではトップレベルの栄養素充足率を誇るので、継続的に食べて日々の食事の栄養バランスを補っていきましょう。

さば缶とキャベツのチーズ焼き

材料 **（1人分）**
さばのみそ煮缶詰…1缶
せん切りキャベツ…100g
豆板醤…小さじ½
とろけるチーズ…適量

作り方
1 せん切りキャベツは耐熱容器に入れ、ラップをかけ電子レンジで1分加熱する。
2 さばのみそ煮は缶汁をきって *1* にのせる（缶汁は大さじ1程度残しておく）。
3 缶汁大さじ1と豆板醤を混ぜ合わせ、*2* の上にかける。チーズをのせてトースターでこんがりするまで焼く。

栄養について

カット野菜は洗浄によりビタミンCの70%が失われていますが、栄養が全くないわけではありません。食物繊維は失われず、しっかり摂取することができます。時間がないときはカット野菜もじょうずに活用しましょう！

レンジで！　さばトマカレー

材料 **（1人分）**
トマト…1個
玉ねぎ…½個
さばの水煮缶詰…1缶
A
トマトケチャップ、中濃ソース、カレー粉…各大さじ2
砂糖、おろしにんにく、おろししょうが…各小さじ1
薄力粉…大さじ1

作り方
1 玉ねぎはみじん切りにする。トマトは洗って2cmの角切りにする。
2 耐熱容器に *1*、*A*、さばの水煮を缶汁ごと入れて混ぜ、ラップをかけ電子レンジで3分加熱する。
3 一度取り出して混ぜ、さらに3分加熱する。

栄養について

リコピンやビタミンCが豊富で抗酸化作用のある**トマト**、DHAやEPAが多く血液サラサラ効果のある**さば**、生活習慣病の予防に役立つ2つが手軽にとれるメニューです。

韓国風アボツナ丼

材料 （1人分）

アボカド…½個
ツナ缶…1缶
A
しょうゆ…大さじ1
砂糖…小さじ2
コチュジャン…小さじ½
おろししょうが、
おろしにんにく、
ごま油…各少々
刻みのり…適量

作り方

1 アボカドは皮をむいて一口大に切る。
2 ボウルに*1*、汁気をきったツナ缶、*A*を入れて混ぜ合わせる。
3 温かいごはんの上に*2*をのせ、刻みのりを散らす。

栄養について

アボカドには不飽和脂肪酸の一種、オレイン酸が豊富に含まれています。オレイン酸はコレステロールや中性脂肪を減らし、動脈硬化予防に役立つといわれています。でも、アボカドはカロリーが高いので、1日半個程度が適量です。

なすの照り焼き

材料 （2～3人分）

なす…3本
片栗粉…大さじ1
A
しょうゆ、みりん…各大さじ1
砂糖…小さじ2
サラダ油…大さじ2
白炒りごま…適量

作り方

1 なすはヘタを取り、1㎝幅の輪切りにする。ポリ袋に入れ、片栗粉を加えたらシャカシャカふって全体にまぶす。
2 フライパンにサラダ油を熱し、*1*を並べて両面を焼く。*A*を加えて煮詰めながら絡める。
3 白炒りごまをふる。

栄養について

なすには塩分排出効果のあるカリウムや抗酸化作用のあるナスニンが含まれています。なすは油を吸いやすいので、なるべく油は少なめに調理し、ヘルシーに仕上げましょう。

簡単！ 麻婆しらたき

材料 **（2～3人分）**

豚ひき肉…150g
にら…1束
しいたけ…2枚
しらたき…200g
しょうが、にんにく
…各1かけ
長ねぎ…⅕本
ごま油…小さじ1
A
水…150ml
しょうゆ…大さじ2
酒…大さじ1
砂糖…小さじ2
鶏ガラスープの素、
赤唐辛子（小口切り）
…各小さじ1
片栗粉…小さじ2

作り方

1　しいたけは石づきを落として薄切り、にらは4cm長さに切る。しらたきはさっとゆでてざるにあげ、食べやすい長さに切る。

2　しょうが、にんにく、長ねぎはみじん切りにする。

3　フライパンにごま油を熱し、*2*を入れて炒める。香りが立ったら豚ひき肉を加え、ほぐしながら炒める。

4　*A*としいたけ、しらたきを加えて2～3分煮る。にらを加えてさっと煮て、水溶き片栗粉を回し入れてとろみをつける。

栄養について

にらの強い香りは硫化アリルによるもの。硫化アリルは刻むことでアリシンに変わり、ビタミンB_1の働きを持続させる効果があります。疲労回復やスタミナアップに役立ちますよ。

厚揚げのピリ辛ねぎだれ

材料 **（1人分）**

厚揚げ…1枚
もやし…½袋
細ねぎ…ひとつかみ
A
酢…大さじ1
しょうゆ…小さじ2
砂糖
…小さじ1と½
豆板醤、ごま油
…各小さじ½
白炒りごま…適量

作り方

1　厚揚げはアルミホイルにのせ、トースターで2～3分焼く。もやしは耐熱容器に入れ、ラップをかけて電子レンジで1分20秒加熱する。

2　小口切りにした細ねぎと*A*を混ぜ合わせる。

3　もやしの上に食べやすい大きさに切った厚揚げをのせ、*2*をかける。

栄養について

厚揚げはたんぱく質豊富。トースターでカリッと焼くだけでもおいしいので、忙しいときの時短おかずにおすすめです。**もやし**は栄養がなさそうに見えますが、カリウム、ビタミンC、食物繊維、ビタミンB_1、B_2などを含みます。豆もやしにするとさらに栄養価アップ！

玉ねぎのレンジ蒸し

材料 **（1人分）**
玉ねぎ… 1個
オリーブオイル
…大さじ1
粉チーズ…適量
しょうゆ…小さじ1
あらびきこしょう…少々

作り方
1 玉ねぎは上の茶色い部分は切り落とし、根の部分は薄くそぎ落とす。上⅔ほどの位置まで十字の切り込みを入れる。
2 耐熱容器に *1* を入れ、電子レンジで3分加熱する。
3 オリーブオイル、粉チーズ、しょうゆ、あらびきこしょうをふる。

栄養について

玉ねぎにはオリゴ糖が豊富に含まれ、善玉菌の餌となって腸内環境を整えるのに役立ちます。**オリーブオイル**に含まれるオレイン酸も腸の働きを活発にするので、便秘改善が期待できる一品です。

豆腐のなめおろし煮

材料 **（2～3人分）**
豆腐… 1丁
なめこ… 1パック
大根… 5cm程度
だし汁（または水）…50ml
しょうゆ、みりん…各大さじ1
細ねぎ…適量

作り方
1 豆腐は一口大に切る。大根はすりおろして水気を軽くきる。
2 鍋にだし汁（または水）、しょうゆ、みりんを入れて火にかける。
3 煮立ったら大根おろし、なめこを入れて軽く煮る。豆腐を入れて2～3分煮る。
4 お好みで小口切りにした細ねぎを散らす。

栄養について

なめこのぬめりはムチンという成分によるもの。ムチンは胃の粘膜を守り、胃炎や胃潰瘍を予防する効果があります。なめこには食物繊維も豊富なので、腸内環境の改善に役立つ一品です。

じゃがいもの
オイマヨソテー

材料 **（4人分）**
じゃがいも… 2～3個
片栗粉…大さじ1
A マヨネーズ、オイスターソース、
　しょうゆ…各小さじ2
　水…大さじ1
あらびきこしょう、サラダ油…各適量

作り方
1　*A*は混ぜ合わせておく。
2　じゃがいもは皮をむき、1㎝角のさいの目切りにする。ポリ袋に入れ、片栗粉を加えたらシャカシャカふって全体にまぶす。
3　フライパンにサラダ油を熱し、*2*を中火で炒める。5分炒めたら弱火にし、*1*を加えて全体に絡める。あらびきこしょうをふる。

栄養について

じゃがいもは、ビタミンC、カリウム、食物繊維などが豊富。オイスターソース×マヨネーズで、コクのある味つけだから、おつまみやお弁当にもぴったりな一品です。

ひじきとほうれんそうのおからサラダ

材料 **（3人分）**
乾燥ひじき… 8g
ほうれんそう… 1束
にんじん…¼本
A おからパウダー
　… 大さじ3
　マヨネーズ、豆乳
　…各大さじ2
　しょうゆ
　…小さじ1

作り方
1　乾燥ひじきは水で戻す。ほうれんそうは熱湯でゆでて冷水にとり、水気を絞って4㎝長さに切る。にんじんはせん切りにし、耐熱容器に入れてラップをかけ、電子レンジで30秒加熱する。
2　ボウルに*A*を入れて混ぜ、*1*を加えて混ぜる。

栄養について

食物繊維たっぷり、栄養満点のレシピ！　このレシピで食物繊維とビタミンE、ビタミンAがしっかりとれます。**おからパウダー**はスープや飲み物にも使えるし、サラダにかけても◎。常温保存できるので、食物繊維不足が気になる方は常備しておくといいですよ！

ミニトマトの塩昆布和え

材料 **(作りやすい分量)**

ミニトマト…20個程度
塩昆布…大さじ1（10g程度）
ごま油…大さじ1
削り節…適宜

作り方

1 ミニトマトは洗ってヘタを取り、半分に切る。
2 *1*を塩昆布、ごま油と和える。お好みで削り節を盛る。

栄養について

トマトには旨味成分のグルタミン酸が多く含まれています。同じく、旨味成分のイノシン酸が含まれる削り節と一緒にとれば、旨味の相乗効果でよりおいしくいただけますよ。

長芋の明太和え

材料 **(作りやすい分量)**

長芋…250g
明太子…30g
酢…小さじ1
貝割れ菜…少々

作り方

1 明太子は皮を取り、酢と混ぜる。
2 長芋は皮をむき、半月切りにする。
3 *1*と*2*を混ぜ合わせ、貝割れ菜を添える。

栄養について

長芋はイモ類には珍しく生で食べられます。これは長芋に消化酵素がたくさん含まれているから。胃腸の働きを整えてくれますよ。

ズッキーニのバターぽん酢

材料 **(2～3人分)**

ズッキーニ…2本
バター…10g
ぽん酢…大さじ2
砂糖…大さじ½

作り方

1 ズッキーニは1㎝幅の輪切りにする。
2 フライパンにバターを溶かし、*1*を並べて両面焼き色がつくまで中火で焼く。
3 ぽん酢、砂糖を加え、煮詰めながら絡める。

栄養について

ズッキーニはカリウムが豊富で塩分の排出効果があるので、塩分のとりすぎによる高血圧・むくみなどが気になる方におすすめです。

STAFF

［デザイン］　太田玄絵
［撮影］　土屋哲朗、中井エリカ（3章分）
［イラスト］　KINUE
［編集制作］　高島直子
［編集長］　山口康夫
［企画編集］　見上 愛

夜も食べたい
食堂あさごはんのレシピ

2021年8月21日 初版第1刷発行
2024年7月31日 初版第3刷発行

［著者］　中井エリカ
［発行人］　諸田泰明
［発行］　株式会社エムディエヌコーポレーション
〒101-0051　東京都千代田区神田神保町一丁目105番地
https://books.MdN.co.jp/
［発売］　株式会社インプレス
〒101-0051　東京都千代田区神田神保町一丁目105番地
［印刷・製本］　シナノ書籍印刷株式会社

Printed in Japan

【カスタマーセンター】

造本には万全を期しておりますが、万一、落丁・乱丁などがございましたら、送料小社負担にてお取り替えいたします。お手数ですが、カスタマーセンターまでご返送ください。

◎落丁・乱丁本などのご返送先
〒101-0051　東京都千代田区神田神保町一丁目105番地
株式会社エムディエヌコーポレーション カスタマーセンター
TEL：03-4334-2915

◎内容に関するお問い合わせ先
info@MdN.co.jp

◎書店・販売店のご注文受付
株式会社インプレス　受注センター
TEL：048-449-8040／FAX：048-449-8041

ISBN 978-4-295-20185-4
C0077